科技社团、研发网络与科技研发投入研究

朱春玲 著

Scientific and Technological Groups, R & D Networks, R & D Inputs

化学工业出版社
·北京·

内容简介

科技研发投入是影响一个国家科技发展速度和水平的重要因素之一。本书综合科技社团和研发网络相关研究，结合我国现阶段的科技研发投入管理现状和国家科技发展战略，参考发达国家相关管理模式，提出推动我国科技社团在科技研发投入管理和研发网络构建中发挥作用的政策和建议，以期进一步深化我国科技资源的合理有效配置，促进科技社团管理体制改革和科技社团的健康发展。

图书在版编目（CIP）数据

科技社团、研发网络与科技研发投入研究/朱春玲著. —北京：化学工业出版社，2023.9

ISBN 978-7-122-43687-0

Ⅰ.①科… Ⅱ.①朱… Ⅲ.①科学技术管理-研究-中国 Ⅳ.①F204

中国国家版本馆CIP数据核字（2023）第110254号

责任编辑：于 水 宋向雁

责任校对：宋 夏　　装帧设计：张 辉

出版发行：化学工业出版社（北京市东城区青年湖南街13号 邮政编码100011）

印 装：北京天宇星印刷厂

710mm×1000mm 1/16 印张$11^1/_2$ 字数160千字

2023年9月北京第1版第1次印刷

购书咨询：010-64518888　　售后服务：010-64518899

网 址：http://www.cip.com.cn

凡购买本书，如有缺损质量问题，本社销售中心负责调换。

定 价：98.00元

前言

科技研发投入是影响一个国家科技发展速度和水平的重要因素之一。当前，我国科技资源投入在逐年递增，科技成果不断涌现，已经成为世界专利申请大国。

科技社团和以科研工作者、科研单位以及科技社团等形成的社会研发网络能够在科技研发投入管理中发挥不可或缺的重要作用。国家科技研发投入管理体制，可以分为多元分散型、联邦分权型、集中协调型、高度集中型等四种不同的模式。从国外科技社团参与科技研发投入管理的历史演进、方式和途径中可以发现，科技社团能够在科技研发投入管理中发挥重要的桥梁和纽带作用，有利于提高科研经费管理水平，强化预算监督，促进科技事业的健康发展。国外科技社团在科技研发投入管理体制中发挥作用的主要经验有：保障科技社团充分发挥作用的科技投入管理体制至关重要；政府重视是科技社团在科技研发投入管理体制中发挥作用的前提；重视科技社团自身能力的培育，树立科技社团的科技权威地位；法治环境是科技社团能否在科技投入规划管理中发挥作用的保障等。

国家科技研发投入方案的规划和调整，能够直接反映国家科技政策的调整以及国家科技发展战略的变化，并对全社会科技活动产生巨大的导向性作用。因此，需要有一个部门既能够真正充当对政府科技研发投入规划和调整进行协调的角色，也能够对接企业、大学和研究机构，从而形成高效的研发网络，促进国家整体科技能力的快速提升。我国要加快宏观的科技研发投入管理体制改革，需要把科技社团在科技研发投入管理体制中的作用释放出来，这也是中国科技发展的当务之急。

本书综合科技社团和研发网络相关研究，从当前我国科技研发投入管理的现状出发，在分析发达国家科技社团影响科技研发投入体制并获得相应地位的基本历史过程的基础上，探讨科技社团的组织属性、科技社团在研发网络构建中的作用以及科技研发投入管理的内在规律，深入研究科技社团在研发网络和科技研发投入体制中发挥独特作用的优势、方式、途径、程度及其外部法律政策环境。书中还结合我国现阶段的基本国情和国家的科技发展战略，通过理论和实践研究，提出推动我国科技社团在科技研发投入管理和研发网络构建中发挥作用的政策建议，希望能对深化科技资源的合理有效配置和完善科技研发投入管理有所借鉴。

由于工作与认知观点的局限，本书难免存在不足之处，敬请批评指正。

朱春玲

2023年5月

目录

第1章
绪　论

21世纪是经济智能化和网络化的时代，也是综合国力竞争日益激烈的时代。新一轮科技革命和产业变革正在深度重构全球科学技术发展版图，并以此为支点加速了世界政治经济格局的演变[1]。近十年来，科技强国、经济大国都把科学技术作为国际竞争的主战场，纷纷升级国家科技研发战略，优化科技发展布局，以抢占未来科技竞争的制高点。

党的二十大报告明确指出，我国必须坚持科技是第一生产力、人才是第一资源、创新是第一动力，深入实施科教兴国战略、人才强国战略、创新驱动发展战略，开辟发展新领域新赛道，不断塑造发展新动能新优势。坚持创新在我国现代化建设全局中的核心地位，加快实施科技创新驱动发展战略，力争到2035年实现高水平科技自立自强、建设科技强国[2]。科技社团可以在建设我国高水平科技自立自强国家过程中发挥重要作用。科技社团可以将科研工作者、科研院所及企业连接成社会研发网络，从而能够在科技研发投入管理中发挥不可或缺的作用。

科技社团的出现是人类社会跨越式进步的标志之一，是人类文明、科学发展的产物和表现。科技社团是随着科学技术的进步而发展起来的，最早起源于国外，经过几百年的发展，现在已经形成了完备且成熟的体系。科技社团是由一群对科学技术感兴趣的人自发组成的一个非营利性组织，是不同研发主体之间分享技术信息的正规组织形式，旨在促进科技文化的传播、科技文化素质的提升、科技研发与创新的推动以及为社会提供相关服务。科技社团基于其专业性强、无部门利益等天然的专业优势和组织优势，在科技研发投入管理体制中作用大、影响力强。科技社团的出现并发挥作用是国家创新体系的主要特征之一。科技社团不仅在其边界内部发挥着聚合、交流、评价与规范的功能，促进知识的产生和流动，还通过决策咨询、行业服务、科学普及建立了广泛的外部互动网络，在国家科技投入管理中发挥重要作用，并推动社会经济增长与社会进步[3]。本章介绍科技社团的历史、类型及功能，分析研发网络的特点、功能，并进一步探讨科技社团在国家科技研发投入管理中的重要作用。

1.1
科技社团

1.1.1 科技社团的历史演进

科技社团是社会组织的一部分。社会组织是区别于政治组织、经济组织而言的、能独立运行的第三类组织形式，是人们为了某种共同的目标而自愿连接组织起来、依靠筹集社会资金及其他非营利性收入、从事非营利性、公益性事务的组织，是实现社会多元主体共同治理格局的重要参与主体和力量。科技社团则是科技工作者自愿结成的社团组织，由科学家、技术专家、对科技和研发创新感兴趣的人自愿组成的科学共同体，具有自主性、学术性、民间性和跨界性等特征。同时，科技社团也是一个交流平台，让拥有相同兴趣爱好的人能够互相交流、分享经验和思想，并在合适的情况下进行科技合作和研发创新[4]。科技社团除具有一般非营利组织的非营利性、自治性和志愿公益性等共性特征外，还有自己鲜明的组织特性，即科学性、学术性和中立性。其主要目的是推动科技创新和知识传播，促进科学和社会的进步和发展。科技社团作为社会组织的一种类型，既受社会组织的整体发展程度、外部环境和时代机遇的影响，也肩负着独有的组织使命[5]。

在现代科学兴起之前，科学研究主要由宗教团体或国家赞助的学术机构来推动，而普通民众对科学研究的参与较少。世界上第一个科技社团自然秘密学会出现在意大利文艺复兴时期，之后，各国相继成立科技社团（图1-1）[6]。美国现存的历史最久远的科技社团是美国哲学学会（American Philosophical Society），由本杰明·富兰克林于1743年在费城创立。美国另一个非常有名的社团是美国艺术与科学研究院（American Academy of Arts and Sciences，AAAS），1780年成立于波士顿。到了19世纪40年代，

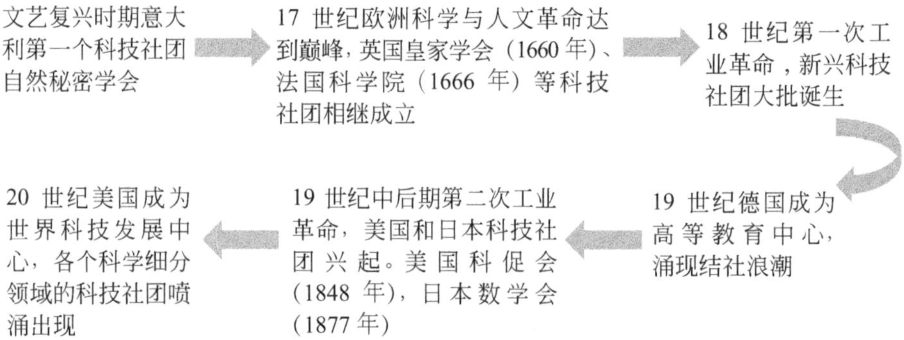

图 1-1　科技社团的历史演进[6]

专业性社团得到了迅猛发展，包括美国统计协会（American Statistical Association，1839 年），美国精神病学协会（American Psychiatric Association，1844 年），美国医学协会（American Medical Association，1847 年）等相继成立；同时代成立的还有包括美国科学促进会（American Association for the Advancement of Science，AAAS，1848 年）在内的各类综合性社团，它们在“促进科学，服务社会”方面发挥着举足轻重的作用[7]。各类专业性社团传播新的信息、制订专业标准，并成为政府和大学的研究顾问。

随着近代科学技术的发展和科学研究的专业化，越来越多的科学家在自己的领域中深入研究的同时，更加注重与同行进行交流和合作。此外，科技的快速发展也带来了新的科技需求和技术挑战，需要汇集更多人才的智慧来共同解决问题。在这种背景下，科技社团发展迅猛。科技社团是由一群科学家、工程师和其他科技人员组成的非政府、非营利性组织，他们致力于为科学家提供交流和合作的平台，从而推进科学研究和科技发展。藉由这些组织，科学家可以更好地交流和分享自己的研究成果，获取最新的科技信息和知识，同时还可以获得更多的资金和支持来开展项目研究。

在开放式创新与社会化创新的时代背景下，相当一部分科学家逐步作为科技工作者投入实业中，科技社团的行业属性与企业属性也因此得到强化，涌现出诸如科技类行业协会、高新技术产业联盟、科技类民办非企业等一系列行业类与企业类科技社团。随着科技社团的种类与组织方式日趋多样化，学者们也不断拓展着科技社团的内涵。如今，科技社团已发展为由科技人员或相关研发部门自发组织的、基于交流和分享最新科技信息为主要目的的柔性社会组织，仅将其界定为学会、协会、研究会则有些偏窄[8]，因此学者们尝试将科技社团界定为科技工作者自愿组成的柔性科技类社会组织，同时也是非机构化的、可接受非职业科学家参与的科学共同体[9]。更有学者认为科技社团具有科学共同体和科技类社会组织的双重特性[10]。基于新时代下科技社团的柔性与多面性的特征，科技社团可以定义为：由科技工作者自愿组成的，具有非政府、非营利组织属性的柔性社会组织[6]，既包括学会、协会、研究会等以学术交流为目的的科技社团，也包括科技类行业协会、高新技术产业联盟等以构建产学结合、技术投产为目的的科技社团。

1.1.2 科技社团的类型

根据科技社团所具有的自主性、学术性、民间性和跨界性等特征，科技社团可以有不同的分类方法。例如，按组织性质可分为：专业型科技社团、社区型科技社团、联盟型科技社团；按核心类别可分为：综合性科学技术协会、学术性科技研究团体、高科技企业行业协会、科技型专业人士协会；按外延类别可分为：枢纽型科技社会组织、科技类“民办非企”组织、科技基金会。根据不同的科技领域可以划分为：计算机科学社团、生物医药社团、机械工程社团等。科技社团通常会组织各种形式的活动，如科技讲座、科技竞赛、科技展览等，旨在增加人们对科技的理解和认识。

从组织性质来看，专业型科技社团作为科学界自主性组织的角色更重要，而联盟型科技社团作为非政府社会组织参与社会治理的角色更重要。我国的科技社团根据其活动重点与设立目的，可大致分为以下两种类型。

1.1.2.1 学术交流型科技社团

学术交流型科技社团的成立目的是促进学术交流、传播科学知识、提高学术水平。这些社团通常由学者、科技工作者自发组建，以学术交流和研究为主要活动内容，包括学术研讨、学术期刊出版、学术会议举办、科普宣传等。这些社团对于学术交流和知识传播发挥了重要作用，有助于推动学术创新和科技进步，例如中国科学院各学部、中国科学技术协会、中国化学会等。

对于学术交流型科技社团，它们的工作重点通常是在学术领域内的研究、交流和推广，具体工作内容包括但不限于以下内容。

（1）组织学术研讨会议

科技社团通过学术交流提升年轻会员的创新能力。为会员提供学术交流服务既是科技社团最重要的职责，也是学术共同体最重视的社交活动。例如，中国化学会每年都会举办全国化学会议，为广大科研工作者提供了一个交流、展示研究成果的平台。

（2）开展学术出版工作

科技社团通过出版学术刊物推广和传播新的研究成果，提升全民的学术素养。例如，中国物理学会会定期出版《物理》等高质量的学术期刊，发表国内外学术研究成果，推动学术研究发展。

（3）组织学术调研

科技社团组织学术调研收集数据，推动新的研究。例如，中国心理学会每年开展心理健康大调研，调查和了解社会大众的心理健康状况，为心理健康教育提供依据和建议。

1.1.2.2 产业研究型科技社团

产业研究型科技社团的成立目的是促进科技与产业的结合，加快技术转化和产业升级。这些社团通常由企业、科研机构、政府等组成，以促进产学研合作、技术研究和应用推广为主要活动内容，包括技术研发、技术咨询、技术转移、科技创新等。这些社团在推动科技成果转化和产业发展方面发挥了重要作用。产业研究型科技社团如中国电子学会、中国通信学会、中国汽车工业协会等。

产业研究型社团的工作重点在于推动技术研发、产业升级以及促进产学研结合，具体工作内容包括但不限于以下内容。

（1）技术研发和转移

产业研究型社团通常会围绕着某个产业或者技术领域，积极进行前沿技术研发和技术转移，参与产学研合作，助力技术投产。例如，中国医药生物技术协会通过建立技术转移平台，促进生物技术创新成果的产业化和市场化。中国光学工程学会定期组织产学研合作，如与北京华大智造科技有限公司合作，在光学、光电子领域进行技术转移和产业化合作。中国半导体行业协会积极推动半导体产业的技术创新和转移，与多家企业和科研机构建立产学研合作，如与上海微电子装备（集团）股份有限公司合作，在新型芯片制造设备研发、生产、应用等方面开展合作。

（2）技术标准制订和推广

产业研究型社团通常会制订行业或技术标准，并推广其在产业中的应用。例如，中国标准化协会以促进标准化工作的开展和标准化事业的发展为宗旨，该协会通过制订、修订标准以及开展技术研究等活动，推广技术标准的应用和普及。中国电子技术标准化研究院专门从事电子技术标准的研究、制订和推广工作，该研究院通过与各个领域的科技社团合作，制订相关的技术标准，为产业升级和技术进步提供支持。

（3）产业规划和政策建议

产业研究型社团通常会深入研究某个产业或技术领域的发展现状和趋势，提出产业规划和政策建议。例如，中国机械工程学会通过发布《机械工程学科发展战略研究报告》，为中国机械工程产业的发展提供了重要的参考依据。

（4）人才培养和技术交流

产业研究型社团通常会通过组织各种学术交流和人才培养活动，推动行业技术水平的提升和人才队伍的建设。例如，中国化工学会通过组织各种学术交流和人才培训活动，为化工产业培养了大量的技术人才。中国机械工程学会开展各种机械行业技术培训，提升行业从业人员的技术水平和专业素养。

中国的科技社团数量庞大，其中既有由国家主管部门直接管理的行业协会、学会、工会等，也有由民间科技工作者自发组织成立的社会团体。尽管具体的数量目前没有准确的统计数据，但据中国科学技术协会2021年发布的数据，其管理的全国学会有211个、省级科协所属省级学会3938个，这还不包括各地政府、高校、科研院所、企业等成立的各种各样民间科技社团。由于中国当前的经济发展趋势和政策导向，以技术研发和产业研究为核心的科技社团发展前景较为广阔。

近年来，中国政府提出了“创新驱动、科技兴农、工程科技强国”等战略目标，加强了对科技创新和产业升级的支持力度，促进了科技社团的发展和壮大。特别是在产业发展的过程中，科技社团能够在技术转移、研发与技术创新和人才培养等方面发挥重要作用。学术交流型科技社团则在创新文化的培育过程中，始终发挥着促进学科交流、知识传播和知识创造的重要作用。

1.1.3 科技社团的功能

科技社团是由来自各科学行业的专家学者构成的联合体，是推动科技进步、技术变革的关键力量，因此，科技社团在引领科技进步和促进社会发展的过程中起到了重要作用[11]。

（1）科技社团的基本功能

科技社团的基本功能是促进科学共同体内部的学术交流，通过科技社团成员之间的沟通、互动促进知识的流动和创造，形成一个科学共同体，并使得科学共同体作为一个整体在社会中发挥作用。经过长期的历史发展，伴随着科学与社会的变化，科技团体的功能出现新发展。例如，科技社团的主要社会功能包括凝聚学术共同体，提供专业服务；促进科学技术研究，引领科技创新；开发专业技术标准，实施专业认证；扩散科技知识；促进经济与社会发展[11]。

（2）科技社团承接政府职能

我国科技社团的职能随着政府职能的转变，也会进行相应的调整，当前最主要的观点是科技社团主要是承接政府转移职能。

对于政府转移职能，不同学者概括的职能有所不同，但可以根据业务内容归为以下五大功能：引领学科发展和学术交流、科技奖励与科技评价、教育与培训、决策咨询与智库、科技传播及普及。其中，引领学科发展和学术交流主要包括组织承办科技论坛、学术交流活动、展览等科技活动；科技奖励与科技评价包括科技成果评定、开发专业技术标准、评定科技奖项等；教育与培训包含技术职称评定、科技人员培训与继续教育等；决策咨询与智库包含政府重大项目论证、发展规划咨询论证、重大科技进展与科技评价报告发布等；科技传播及普及包括科技期刊及书籍出版、科普活动组织与开展等。

（3）科技社团的智库功能

高水平、专业化的科技研发与创新智库是我国实施创新驱动发展战略、建设创新型国家的重要保障，能够为中国进入世界一流创新国家行列提供科技支撑。科技社团拥有众多科技方面的顶级专家学者，范围涉及工程科学、自然科学、工程技术等多个方面，他们可以在科技创新智库建设中发挥积极作用。由于科技社团与智库所属的特征一致、所起的作用一致、服务的内容也是一致的（图1-2），因此，科技社团天生就自带智库功能，这得益于科技社团成员的多元化来源，他们一般都来自不同的科研工作单位，每位成员可以充当社团组织网络中的一个“节点”，只要整合好

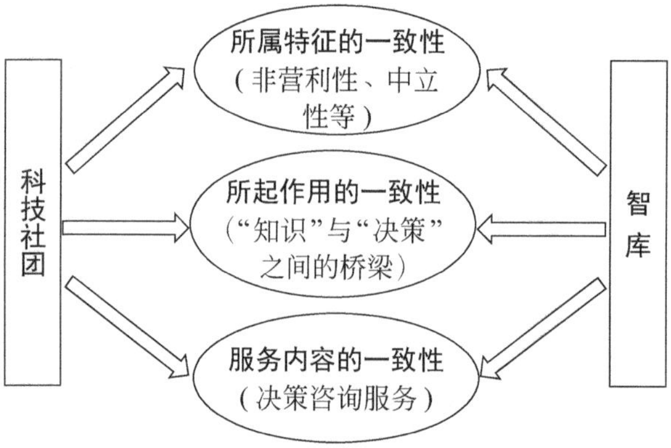

图1-2 科技社团的智库功能[12]

每个“节点”的功能，就能发挥研发网络组织的整体优势，科技社团就能够通过多种方式参与对政府、企业以及其他组织的科技决策与咨询活动，发挥智囊团的作用[12]。

随着我国社会的发展和科技的进步，政府要制定高水平、前瞻性的科技发展战略，要对更具专业性、技术性及综合性的问题进行决策，决策难度大大增加。科技社团作为科学工作者的社会组织，可以利用其独特的专业性质、组织形式及活动方式，在政府决策咨询中发挥重要作用。然而，当前由于多种原因，科技社团在参与政府咨询决策方面的作用未得到充分发挥，因而需要不断加以完善，以发挥其在决策咨询中的作用[13]。

1.2 研发网络

1.2.1 研发网络的内涵

网络概念最早先运用于计算机、交通和通信领域，指由许多相互连接的节点组成的网络状的系统。社会网络是一群特定的个人或成员之间的所有正式与非正式的社会关系体系，从而成为一个新的整体并呈现出了新的特性。社会网络非常重视间接关系和路径的力量。该理论认为，网络关系绝不仅仅表示相互关联的两个行动者，而是将社会中所有行动者都囊括在内的多角间接关系和路径的集合体，因此，网络的功能是非常强大的。企业可以借助网络方便快捷地从外部获取其发展所必需的资源，包括信息资源、智力资源、社会资本等。Williamson[14]明确指出，市场中存在许多网络中间组织，这些网络组织能够很好地连接企业和市场，能够有效降低企业的交易成本，是一种最优的资源配置选择方式。在激烈竞争的市场环境下，网络组织能够帮助企业获取更多的外部经济资源，从而形成群体竞争优势，增强企业的市场竞争力。

Granovetter[15]从网络关系的角度来研究社会网络，认为社会网络代表各种社会关系的连接体，这些社会关系又类似于蜘蛛网一样，将各个组织紧紧连接在一起。根据这一定义，可以发现社会网络具有连接性、嵌入性、互动性的特征，能够汇集各种社会资源，与所有的组织产生连接，并且让网络中的参与主体之间的互动更加频繁。社会网络对于研发网络的构建、创新的产生和扩散有着非常重要的影响，而该影响产生的原因主要在于信息传播和社会影响的传递[16]。

研发网络的概念最早由Freeman[17]提出，他将研发网络定义为以企业间的研发与创新合作关系为网络架构而形成的主要连接机制，是一种系统性的研发与创新的制度安排。研发网络是由研发活动中各主要参与者共同构建的关系网络，包括国家、企业、高等院校、科研机构、科技社团等合作主体，他们之间存在着既合作又竞争的竞合关系。这些组织和机构可以来自不同国家、不同学科领域或不同行业的企业、大学、研究所、政府机构等。研发活动是他们之间连接的纽带和核心，通过信息和资源的共享、知识的互补和协同创新等方式，形成协同研发合作关系，提高研发效率和质量，实现互利共赢的目标，从而实现研发成果的共享和价值创造。研发主体通过网络连接在一起，共同建立起一种新型的研发与合作关系。

Freeman[17]将研发网络划分成多种网络类型，包括研究协会、合资企业和研究公司、生产分工和供应商网络、技术交流协议、分包、合作R&D

协议以及政府资助联合研究项目等。由此可见，研发网络是一个复杂的网络体系，研发主体在研发过程中会形成许多单个的网络，这些个体网络彼此之间又产生关联并相互影响，最终这些关系都会影响研发活动的发展。研发网络的各行为主体借助网络将彼此连接在一起，相互沟通、共享资源、合作创新。因此，尽管网络中的主体各自的性质、管理和运行方式等都不尽相同，但是研发网络能够有效连接企业、高校、科研单位或地方政府，通过网络连接起来的各研发主体，可以相互取长补短、互补互利，因而，能够形成一种稳定的、积极的研发网络促进机制及长久的合作关系。

1.2.2 研发网络的特点

研发网络可以按照不同的维度进行分类。按照参与研发网络的组织类型不同，可以将研发网络分为企业间研发网络、跨国公司研发网络、大学研究所联盟等；按照参与研发网络各方之间的合作模式不同，可以将研发网络分为竞争型、合作型、开放型等；按照研发网络参与者地理位置的不同，可以将研发网络分为全球性、区域性、国内性网络等；按照研发网络所涉及的研究领域不同，可以将研发网络分为生物医药、新材料、信息技术网络等；按照研发网络所追求的目标不同，可以将研发网络分为产品研发网络、技术研发网络、创新能力提升研发网络等。不同的研发网络分类方式让研发网络具有了不一样的属性，对于研究和管理研发网络具有一定的指导意义。总体来看，研发网络的特点可以概括为弱连接性、嵌入性和交互性。

（1）弱连接性

网络关系的强度是由关系双方在某一社会网络上的时间耗费、情感强度、亲密程度和互惠关系决定的。弱连接是两个行为者间产生的短暂社会交往，是一种低频率、低亲密度的社会联系。譬如业务合作对象、熟悉以及不太熟悉的对象，弱连接会更容易获得新信息[15]。弱连接的主要功能是维护网络间关系，而强连接的主要功能是强化网络内部连接的紧密程度。

弱关系可充当个体在社会网络中建立网络关系连接的桥梁。任何个体穷其一生只能维系少量有限的强关系，但却可维系极度宽泛的弱关系。

研究发现，网络关系中的弱连接状态有助于提高企业的研发与创新绩效，弱连接具有非冗余性特点，这成为有价值新知识的关键来源；强连接所产生的信任机制可以帮助企业获取外部知识，从而实现资源和利益的共享，最终提高企业创新绩效[15]。强连接和弱连接的网络关系强度是研发网络研究的热点主题。尽管在强弱关系对于企业创新绩效影响这一问题上学者们存在较大的分歧，但在强弱关系对于企业研发导向的影响这一研究方向上，大多数研究者认为，强连接会促进渐进式创新，而弱连接则有助于突破性创新[18]。因此，企业在研发网络中构建“强连接”还是“弱连接”仍是企业研发实践中需要考虑的问题之一。

（2）嵌入性

Granovetter[15]认为，人们的一切行为都嵌在特定的社会结构之中，这种核心的社会结构便是人们赖以生存的社会网络，信任是人们嵌入特定网络的重要机制。社会网络为人们建立了信任机制，也将信任嵌入社会网络之中，人们的行为也被嵌在社会网络的信任结构之中。嵌入性的核心思想是信任，由于嵌入性带来了信任关系，熟人之间才发生各种交换行为，这种交换关系在完全陌生的人们之间是不可能发生的，因为信任的获得和巩固是互动双方在长期的接触、交流中形成的。网络中的关系嵌入性以及结构嵌入性这两种机制都可以让企业获益，关系嵌入性可以让行动者直接通过网络节点之间的相互联系获得优质信息，而结构嵌入性则通过不同节点的位置差异获取差异性信息优势，一般来说，位于网络中心位置的节点能获得更多信息与优势资源。研发网络的嵌入性能提升成员间的信任和合作，有助于降低交易成本以及进行高质量的信息和隐性知识交换，促使网络成员增强合作。

（3）交互性

研发网络关系的形成和发展是信息和知识的交流、交换和共享的过程，是一种相互适应的社会交换过程。信息、知识的流动与传递通常发生在网络中，尤其是隐性知识的交流，需要有某种机制形成网络连接点，才能让网络中的参与主体获得新知识与新技术，这表现为网络节点的交互作用。研发网络中的参与主体之间需要进行频繁互动交流，在交互作用下节点联成网络，也会产生新节点，而节点的密度越大会带来越多的潜力，如相互间的交互作用机会的增多，研发机会的增加，研发与创新能力的增强。节点间的交互形式和节点间的松弛易变性，会影响网络的连接强度，因此，网络主体的不同交互作用，引发不同的节点间关系以及不同的研发网络性质。

1.2.3 研发网络的构成

在研发网络中，政府、企业与科研机构扮演不同的角色。在中国，政府和国有企业在研发网络中扮演着主导和支持性角色，而企业和高校等科研机构则扮演着实际的技术开发和创新的主体角色。

政府在整个研发网络中起到引领、规划和协调的作用，通常是研发网络的主导者。具体来说，中国政府通过制定政策、改变资金投入等方式，促进企业与高校等科研机构之间的合作，加强各方之间的交流与协调，推动整个研发网络的发展。例如，2022年5月，工业和信息化部、国家发展改革委员会、科技部等11个部门，在联合印发的《关于开展“携手行动”促进大中小企业融通创新（2022—2025年）的通知》中提出，要推动协同创新。推动大企业、中小企业联合科研院所、高校等组建一批大中小企业融通、产学研用协同的创新联合体，鼓励承接科技重大项目，加强共性技术研发。推动各地依托大企业技术专家、高校院所教授学者等建立融通创新技术专家咨询委员会，面向中小企业开展技术咨询、指导等活动。鼓励各地培育大中小企业融通创新平台、基地，促进产业链上下游企业合作对接。以创新为引领，打造大中小企业创新链，加强协同创新，推动创新成果转化。除政策与规划引导外，以科技部为代表的政府部门也会开设一系列科技重大与重点项目，鼓励各研发主体进行申报，通过提供资金与资源的方式支持研发网络的构建和各研发主体的合作。

此外，国家科技重大专项是国家层面的科技攻关项目，旨在支持我国在战略性、关键性、前沿性等领域取得重大突破。通过重大专项的组织实施，各类科技研发主体之间能够展开广泛的合作，形成研发网络。通过该计划的资金支持和项目引导，国家能够鼓励和引导企业、高校、科研机构等各方加强协作，构建起更为紧密的研发网络，共同攻关关键技术难题，提升我国研发与创新能力和核心竞争力。例如，针对5G通信技术、新能源汽车、高端数控机床等领域，国家科技重大专项资金的支持和引导，促进了各方的协作和共同研发，取得了一系列重要的科技成果和产业突破。另外，国有企业在研发网络中也起到了重要的作用，它们通常拥有丰富的资源和技术，可以为企业与科研机构提供重要的技术支持和协作机会。例如，2021年4月21日，清华大学与中国石油化工集团有限公司成立了清华大学-中国石油化工集团有限公司绿色化工联合研究院，建立了石油化工产学研用联合创新平台，双方强强联合，优势互补，开展前沿、高新技术攻关，打通创新链条，打造校企合作的先进典范，促进技术创新和成果转化[19]。

企业和高校等科研机构则扮演着实际的技术开发和创新的角色，是研发网络中的主要实践者和推动者。他们通常拥有丰富的研究经验和创新能力，通过积极参与研发网络合作，与其他企业、高校和研究机构建立联系，在共同研发、技术创新和产品开发等方面实现互利共赢。例如，中国的华为、中兴通信等高科技企业，通过建立全球性的研发中心和技术创新平台，与国内外的众多企业和研究机构开展紧密合作，推动了通信领域的技术革新和产业升级。

企业在研发网络中的作用还包括了资源整合和创新能力的提升：企业可以通过建立研发联盟、技术平台等形式，整合各方的人力、物力和资金等资源，实现优势互补和风险共担，进而提高研发效率和创新能力。例如，联想集团、海尔集团等企业，通过参与国家“863计划”和“国家科技支撑计划”，在电子信息和家电制造等多个领域取得了显著成果。另外，企业在研发网络中发挥的作用还体现在技术转化和市场营销方面。企业将研发成果转化为实际产品和服务，并通过多种渠道将其推向市场，实现商业化应用和经济效益的最大化。例如，中国的小米科技、腾讯等企业，在参与国家“万人计划”、国家“创新创业人才引进计划”等重大科技项目的同时，通过自身的技术和渠道优势，将自主研发的智能手机、社交软件等产品推向全球市场，实现了较高的商业化价值和社会效益。

在研发网络中，高校和科研机构是重要的研发资源提供者，他们提供先进的科研思想、技术设备和专业技术支持，为企业和国家的研发工作提供支撑。首先，高校和科研机构可以通过与企业合作，共同开展科研项目，为企业提供技术创新支持与人才输送，获得资金和实践经验。例如，清华大学与华为展开了多领域的合作，包括通信、计算机、芯片、新材料、电力电子等多个领域，合作开发了5G移动通信技术，双方在5G技术领域共同发表了多篇论文，并在5G标准制订中发挥了积极的作用。清华大学与华为还共同开发了人工智能芯片，以及基于量子计算的信息安全技术等。其次，高校等科研机构自身也是国家重点科技项目的主要承担者之一，可以为企业提供合作机会和项目支持。例如，由国家高技术研究发展计划（863计划）和国家重点研发计划支持，由国防科技大学主导研发的神威·太湖之光超级计算机，采用中国自主研发的申威处理器和中国自主研发的操作系统，是当前全球性能最快的超级计算机之一。由国家自然科学基金委员会、国家重点研发计划、中国科学院等机构联合支持，由中国科学技术大学主导研发的量子通信卫星“墨子号”，实现了高精度的量子通信，具有重要的军事和民用价值。

总之，在研发网络中，不同研发主体之间互相协作，推动形成研发网络的协同效应，共同实现技术研发和产业升级。不仅政府和国有企业重视研发网络的构建，企业和高校等科研机构也积极参与其中，搭建合作共赢的研发网络。

1.2.4 研发网络的作用机制

研发网络由多个组织和机构组成，其中包括政府部门、高等教育机构、研究所以及企业等。这些组织和机构相互连接，形成一个网络，使得信息和资源可以在不同的组织和机构之间共享。在这个网络中，每个组织和机构都可以从其他组织和机构中获得所需的信息和资源，这有助于提高研发效率和降低成本。此外，通过信息和资源共享，研发网络还能够弥补技术和知识的差距，促进新技术的发展和推广，从而实现更快的创新周期。具体作用机制包含以下几个方面。

第一，研发网络通过信息和资源的共享，促进不同研发主体之间的合作和协同，从而推动创新。例如，政府部门和高等教育机构可以提供政策和研究资源，企业可以提供资金和市场渠道，研究所可以提供技术和专业知识。这些研发主体之间的合作能够带来更大的技术和知识的交流与融合，从而产生更创新的想法和解决方案。此外，共享资源还可以降低成本，使得组织和机构可以更有效地利用资源和时间来开展研发活动。

第二，研发网络可以弥补技术差距和知识差距。每个研发主体都有其专业领域和研究重点，而这些领域和重点相互交错，形成了一个研究领域的复杂生态系统。通过研发网络的搭建和资源共享，组织和机构可以更好地利用彼此的技术和知识，弥补各自在研究领域中的不足之处。例如，一个企业可能缺乏特定领域的专业知识，但是可以从研究所或高等教育机构中获得这些知识。同样，高等教育机构和研究所也可以从企业中获得实践经验和市场需求的信息，从而改善其研究方向和内容。

第三，研发网络可以促进新技术的转化和产业化。研发网络中的不同研发主体共同研究、开发和测试新技术，并在整个过程中提供资金、人力、设备和场地等方面的支持。当新技术成熟后，网络中的企业快速采纳和应用这些技术，推出新的产品和服务。这加快了新技术的商业化进程，促进其在市场中的推广和应用。例如，在5G技术的发展过程中，研发网络扮演了重要的角色。不同的企业和科研机构在网络中共同研究5G技术的各个方面，如无线传输、网络架构、安全等，不断推进5G技术的发展和完善。在这个过程中，华为、中兴、爱立信等企业投入大量的资金和人力，提供了关键的技术和设备支持，各方的投入与合作促进5G技术的落地和推广。

第四，研发网络可以缩短研发与创新周期。在一个紧密相连的研发网络中，各组织和机构可以相互借鉴、学习和改进，从而加速创新的过程。这种跨组织的创新可以创造更好的产品和服务，提高市场竞争力，进一步推动产业的发展和升级。例如，在互联网行业，企业之间经常进行技术交流和合作，学习和借鉴对方的优秀经验和创新思路，从而快速推出更具竞争力的产品和服务。

总之，研发网络是一种促进创新和发展的有效机制。它可以在信息和资源的共享、弥补技术和知识的差距、促进新技术的发展和推广、加速创新周期等方面发挥作用。随着信息技术的不断发展，研发网络将会变得更加紧密和高效，为创新和发展带来更多的机遇和挑战。

1.2.5 研发网络的展开形式

在研发网络中，各研发主体会基于各类合作关系或资源交换关系建立联系，这些两两合作或是多方合作的联系最终编织成一张联系密切、信息共享、领域广泛的研发网络。具体来看，研发网络中的关系建立主要有以下几种展开形式。

（1）产学研合作

企业可以通过建立研发平台，邀请多个研究机构、高校等共同开展科技研究和创新。例如，华为公司与香港科技大学合作，联合开设华为-香港科技大学联合实验室，旨在共同推动人工智能技术研究，实现基础研究和产业应用的深度融合。双方在人工智能芯片和系统领域开展合作研究，包括开发基于华为自主研发的AI芯片麒麟970的应用，并共同研究新一代AI芯片的架构和算法。华为与香港科技大学在人才培养方面也有合作，双方共同推出了“智能科技与系统硕士培训计划”，并开设了AI技术研究生课程，旨在培养具有深厚的理论基础和实践能力的人工智能人才。

（2）企业联合研发

企业之间开展联合研发、技术共享，共同推动科技创新。例如，软通动力与璞跃中国（Plug and Play China）签署合作协议，达成战略合作伙伴关系。未来，双方将充分发挥各自优势，依托璞跃中国在科技创新企业和资本市场中的强大影响力，积极探索产业资源对接与创新业务孵化、咨询研究与解决方案等领域的创新合作，以及软通动力多年来在数字化服务领域积累的丰富经验和行业Know-How，共创产业发展新价值。双方将共同推进数字技术领域大中小企业的融通创新和协同发展，携手共建数字化创新生态。

（3）共享研发中心

共享研发中心一般由国家主导，通过搭建平台、提供资源、提供支持等方式，吸引企业、高校、研究机构等多方参与，共同进行研发。为了推进“国家重点研发计划”，我国设立了一系列共享研发中心，如国家专用集成电路设计工程技术研究中心、国家数字化设计与制造创新中心等。企业可以通过参与共享研发中心获得更多的资源和支持，降低研发成本和风险。其中，国家专用集成电路设计工程技术研究中心依托中国科学院自动化研究所，旨在整合国内高校、科研机构、企业等资源，推进集成电路设计技术的研发和产业化。国家数字化设计与制造创新中心则是由工信部主导，由华中科技大学和清华大学等科研机构和企业共同建立，依托武汉数字化设计与制造创新中心有限公司，采取“公司+联盟+网络”的方式运营，联盟覆盖全国数字化设计与制造领域50%以上的国家重点实验室和国家工程中心，旨在开展数字制造技术和产业的研究与创新，形成我国数字化智能化制造技术的核心竞争力。

（4）开放创新平台

开放创新平台则是由企业主导，通过开放平台、共享资源、协同创新等方式，吸引更多的外部资源参与到企业的研发活动中来。国家可以通过政策支持、资金投入等方式，促进企业开放创新平台的建设。中国的“双创计划”就提出了支持企业建设开放创新平台的政策，鼓励企业与其他企业、高校、研究机构等进行合作创新。企业通过开放创新平台，吸纳社会上的创新资源，推动技术创新和应用。例如，百度公司开放AI开发者平台，吸纳开发者和创业者共同开发AI应用。该平台提供了丰富的AI开发工具和资源，包括语音识别、图像识别、自然语言处理、智能驾驶等多个领域的API接口和SDK。百度公司通过这一平台向全球开发者开放其领先的人工智能技术和数据资源，与开发者共同探索人工智能的应用场景，推动人工智能技术的创新和应用，同时也能够帮助百度公司获取更多的数据和技术反馈。

1.3 科技研发投入的意义和现状

1.3.1 科技研发投入是科技强国的重要基石

加快科技自主发展是国家强盛和安全的基石，是提高社会生产力和综合国力的战略支撑。科技自主发展表现为实现关键核心技术和产业链供应链的自主、安全、可控；科技自强意味着要提升科技研发的质量，增强科技研发的引领能力和原始创新能力，进而实现更高质量、更高效率的科学技术发展，塑造国家发展新优势[20]。科技自主自强体现了发展和安全的辩证统一，成为决定我国生存和发展的基本保障。要做到科技高水平自立自强，需要全面把握、整体推进实现高水平科技自立自强的战略部署，需要在原创性技术领域以及引领性前沿科技方面多投入资源，打赢关键核心技术攻坚战；强化国家战略科技力量，提升国家科技研发体系整体效能；推进科技研发体制改革，形成支持全面创新的基础制度；构建开放的、有活力的科技研发生态，积极参与全球科技治理，激发各类人才创新活力。

科技研发投入资金是最重要的科技资源之一，是推动社会生产方式和生活方式变革进步的重要动力。有效使用研发资金可以让国家掌握科技先发优势，占据未来竞争的制高点。同时，科技属于社会进步和发展的动力源，对教育和人才培养具有反作用。在中国全面推进现代化建设的关键时期，加快实现高水平科技自主创新尤为重要，因为这将为国家的未来提供更多的机遇和挑战，同时也为保障国家的长远发展奠定了坚实的科技基础。

加快建设科技强国，实现全面建成社会主义现代化强国，推进我国第二个百年奋斗目标，研究与开发能力成为决定性因素。我国需要深入贯彻创新驱动发展战略，增强我国自主研发和创新能力，把提高基础研发能力放在更显要的位置。要加快实施一批具有战略前瞻性、统筹全局性的国家重大科技项目，建立“卡脖子”关键核心技术攻关人才特殊调配机制。一方面，要营造良好的研发环境，推动创新链、产业链、资金链、人才链深度融合。另一方面，需要强化企业科技研发主体地位，发挥科技研发型骨干企业的引领支撑作用，并以全球视野搞好顶层设计，在开放合作中推动科技研发。跨越部门、地区、行业和体制界限，调动领军人才组建攻坚团队，共同推动科技研发，既要坚持自立自强和科技自信，也要走中国特色自主研发道路。

1.3.2 我国科技研发投入稳步增长

建设创新型国家是科技强国的重要标志，实现这一目标的关键在于全面提高我国科技创新能力，并将科技研发投入提升到国家战略性投资高度。早在2006年，我国就制定了建设创新型国家的战略目标。在这一战略目标的指引下，我国坚持把创新作为引领发展的第一动力，开始大幅增加科技研发投入，主要表现为研发投入经费逐年增加和科技研发人员数量稳步增长，并取得了显著成效。

例如，我国科技研发投入从2012年的1.03万亿元增长到2021年的2.79万亿元，研发投入强度从1.91%增长到2.44%（图1-3），接近经合组织（OECD）国家的平均水平。此外，我国科技人才队伍不断壮大，2021年，研发人员总量达到约562万人年，是2012年的1.7倍，稳居世界第1位；每万名就业人员中研发人员数量由2012年的42.6人年预计提高到75.3人年[20]。

随着科技研发投入的大幅增长，我国科研成果产出显著增加，科技研

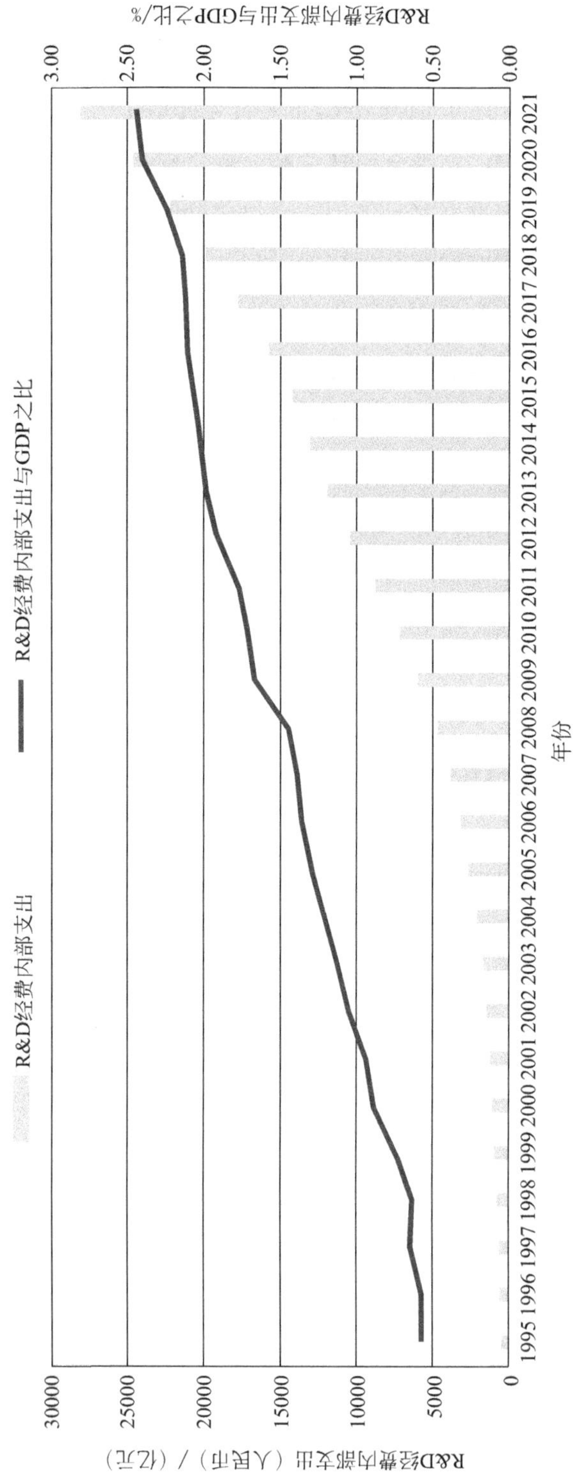

图1-3　1995～2021年我国研究与试验发展（R&D）经费内部支出变化趋势[20]

发产出的质量和数量都有了大幅提升，国家整体研发与创新能力得到快速提升。例如，2021年我国高被引论文数为42920篇，排名世界第2位，是2012年的5.4倍，占世界比重为24.8%，比2012年提升17.5个百分点；每万人口发明专利拥有量从2012年的3.2件，提升至2021年的19.1件；PCT专利申请量从2012年1.9万件增至2021年6.95万件，连续三年位居世界首位；2021年我国技术合同成交额达到37294亿元，是2012年的5.8倍，占GDP比重达到3.26%。在加强科学技术普及方面，我国公民具备科学素养的比例由2010年的3.27%提高到2020年的10.56%[21]。在全球创新指数排名中，我国从2012年的第三十四位上升到2022年的第十一位，成功进入创新型国家行列[22]。

与此同时，我国企业的研发投入力度不断加大。企业研发投入经费占全社会研发投入比例达到76%以上，企业研发费用加计扣除比例从2012年的50%提升到目前科技型中小企业和制造业企业的100%。全国高新技术企业数量也大幅提升，已经从十多年前的4.9万家，增加到2021年的33万家，高新技术企业的研发投入占全国企业投入的70%；上交税额由2012年的0.8万亿元，增加到2021年的2.3万亿元。在上海证交所科创板、北京证交所上市的企业中，高新技术企业占比超过90%。

如今，我国正处于政治最稳定、经济最繁荣、创新最活跃的时期，若干学科发展已经达到国际领先水平，科学研究机构、大学、领军科技企业的研发能力在全球地位明显上升，面向国家重大需求的战略高技术研究取得重要成果，高端产业取得新突破，国防科技研发与创新取得重大成就[23]。中国在全球研发与创新版图中的地位和作用发生了新的变化，既是国际前沿研发与创新的重要参与者，也是共同解决全球性问题的重要贡献者。

1.3.3 我国在基础研究领域的研发投入有待加强

科技研发投入对提升国家科技创新能力具有重要的引领作用，是影响国家科技发展速度和水平的重要因素之一。从研发投入数据来看，我国全社会科技研发经费总投入已经从2012年的1.03万亿元增加到2022年的

3.09万亿元。同时，我国在基础研究方面的研发投入，也从2012年的499亿元提高到2022年约1951亿元，占全社会研发经费比重由4.8%提升至6.3%。从投入规模来看，我国在基础研究方面的投入增长很快，但投入强度仍然比较低。以2020年为例，基础研究经费仍仅占当年GDP的0.14%，全球主要创新国家在基础研究领域的投入水平是在0.4% ～ 0.7%[24]。由此可见，我国在基础研究领域的研发投入不足，基础研究相对薄弱，是一个首先需要补齐的"短板"。

政府投资于基础研究和应用研究的科技研发经费与国家的科技研发水平及创新能力正相关。从美国联邦研发资金分配情况来看，1956年，美国联邦政府曾经将70%以上的研发资金投资于试验发展，当时用于资助基础研究的份额不足7%，应用研究所占份额不足22%，其绝大部分资金却用于资助试验发展活动。随着美国科技研发能力和水平的不断提升，企业的科技研发和创新能力不断提升，企业研发投资不断增加，美国联邦政府研发资助的侧重点也逐渐从试验发展向基础研究和应用研究倾斜，基础研究所占份额稳步提升，试验和发展研究所占的份额稳步下降。到2019年，美国联邦政府对基础研究和应用研究的资助力度达到研发资金总额的56.5%（图1-4）[25]。

从2010到2020年期间，我国在基础研究、应用研究和开发方面的经费投入比例变动不是很大（图1-5）[20]。

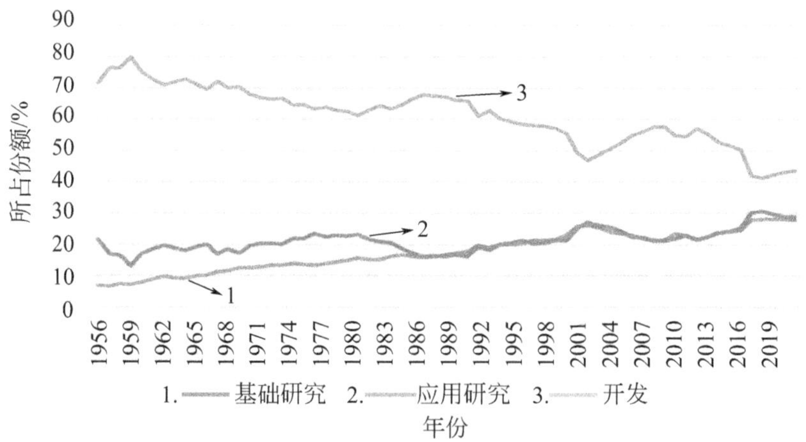

图1-4 美国联邦研发资金对不同研发活动的资金投入（1956 ~ 2019财年）[25]

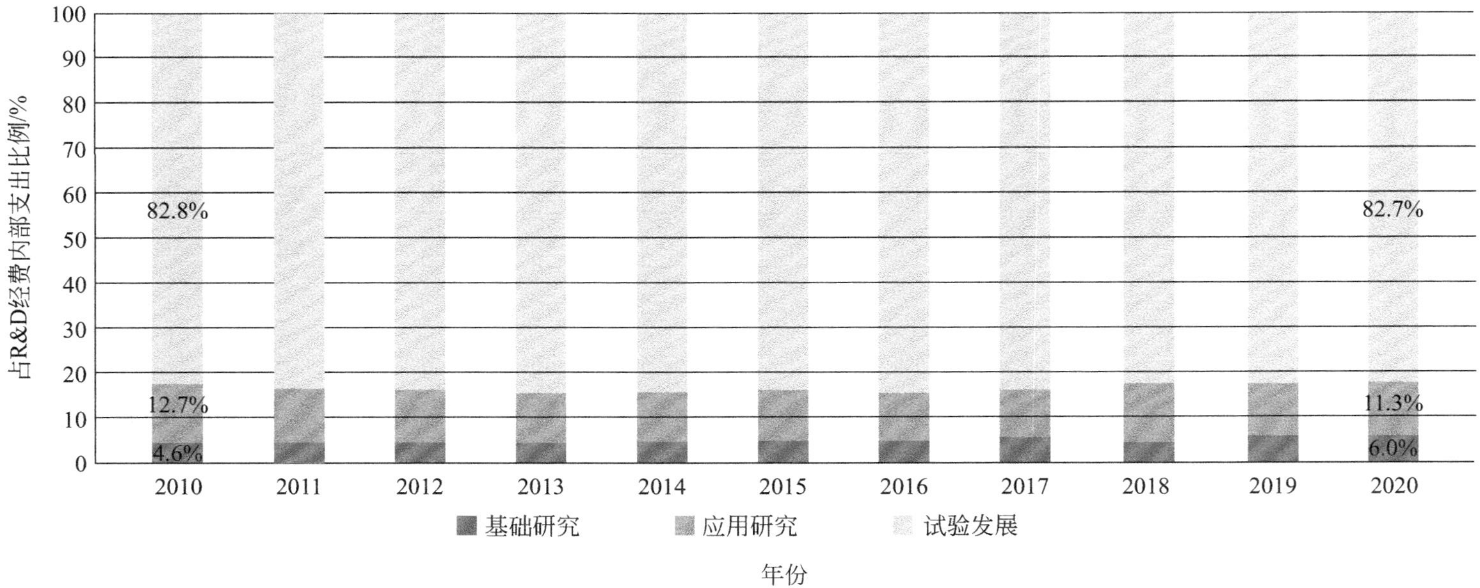

图1-5　2010～2020年我国研究与试验发展（R&D）经费内部支出结构[20]

1.4 科技社团在科技研发投入管理中的作用

从科技社团自身看，其会员大多来自产业界与学术界，受到政府管理与监督，因此与政府、产业界和学术界都有着许多天然联系。科技社团这些主体之间发挥着重要的中介作用，是国家创新体系与研发网络的有机组成部分，不仅有效完善了创新体系结构，还建立不同研发主体间的广泛联系，增加了各主体之间的相融性与和谐性[26]。

1.4.1 推动知识流动和传播

科技社团是由科技工作者自愿组成的，其专业性强、无部门利益，具有天然的专业优势和组织优势，在科技研发投入管理制度体系中的作用不可或缺。由于研发活动以各种形式的知识传播和流动为基础，知识流动和传播已经成为研发主体知识共享、相互联系、沟通交流的基本方式。知识流动也是重新组合研发要素的过程，知识流动的规模和效益直接影响着研发的结构和层次，并有力地推动整个研发体系的良性运转和持续成长。

科技社团在构建由科技工作者、科研单位和科技社团组成的研发网络、提升科技研发投入效能方面有天然的优势，可以通过三种模式发挥知识流动的纽带和桥梁作用：首先，科技社团可以通过各类学术交流活动促进知识在科学共同体的内部进行流动，尤其能够促进基础研究领域的知识创造，从而提升整体的科技创新能力，为国家培养高层次的创新人才；其次，科技社团通过为政府部门、各企事业单位以及各类团体机构提供咨询和科技决策服务，既充当了政府和企业的智囊团，也促进知识在科学技术系统与经济社会文化系统之间的流动，提升科技研发成果的实际转化率和社会贡献度，发挥产学研联动作用；再次，科技社团通过各类科普活动，促进知识在科学共同体与公众之间的流动，从而营造出良好的科技研发与创新氛围。

例如，中国数学会是非常典型的基础研究领域的科学社团，是由中国数学工作者组成的学术性法人科技团体，可以在基础数学领域发挥重要的引领作用。数学学科是一门在数字经济时代发挥重大作用的学科，数学是人工智能发展的基石，不仅为人工智能提供新的模型、算法和正确性依据，也为人工智能发展的可能性提供支持平台，需要加强研究投入。数学与AI领域的合作是未来一个重要的研究方向，需要进一步加强两个领域的合作研究，可以发挥大模型在数据运算方面的优势，反之，大数据的广泛使用可以进一步优化模型，进而推动我国数学基础研究领域的发展，也为我国人工智能的发展奠定科学基础。再如，中国物理学会是由我国物理学工作者组成的科技社团，可以充分发挥他们在该领域的引领和支撑作用，发展天文学与天体物理、粒子物理和光学等优势学科的已有学术影响力，拓展物理学在发展量子信息科学技术中的重要地位，加强物理学诸如原子分子物理和光学物理等前沿研究领域与量子信息科学技术的学科交叉研究，推进在这两个学科中的重要研究问题的研究进程。

1.4.2 促进产学研的协同

科技社团可以将政府、企业、大学、科研机构、其他社会中介组织和社会大众联系在一起，形成一张研发网络，使网络参与主体非常便利地获取信息和资源，科技社团就像中转站一样，向各研发网络所有参与主体提供信息和服务。在这些科技知识的生产者、传播者、使用者以及政府部门之间，科技社团承担着桥梁和枢纽的功能。

网络节点是一个重要元素，也是研发网络存在的基础，各组成要素以及要素间的联系整合在一起构成了研发网络。像金融机构、企业、中介机构、政府和高校与科研院所等组成要素，都成了研发网络中的重要节点。边表示各要素之间的连接关系。作为研发与创新的主体，企业位居研发网络的核心节点，是研发活动投入和收益的主体，是研发行为的主要领导者与实施者。各个企业间存在广泛的联系，企业战略联盟优势互补，产品开发周期缩短，财务风险分散，相互学习以提升各自竞争力。

政府部门并不直接参与研发活动，但是政府在研发政策的制定中有着极其重要的引导作用，是制度创新节点，可以采取经济、行政或者法律手段，为研发及创新提供良好的制度环境。高校和科研院所是基础研究与理论研究的重要场所，是科研成果与创新的重要源头。高校是国家创新系统的一个极其重要的制度性要素主体，可以为企业提供创新所需要的信息、技术、知识和诀窍等，为企业源源不断地输送科研人才，甚至衍生出新企业[27]。高校和科研院所研究成果转化不力，而企业自主开发能力弱，两者之间相互合作既可以促进高校和科研院所研究成果产业化，企业也能获得先进技术等。

然而，若要促进产学研的协同，必须有科技社团参与进来。科技社团是科学家和众多科技工作者的联合体，他们具有高度的专业性、科学性、非营利性和中立性，可以胜任中介机构的职责，促进研发网络中信息、技术和人才的流动，能够聚集技术、管理和信息等方面的专家，为研发与创新提供专业服务，是研发活动的主要辅助者，介于企业、高校和科研院校及政府之间，起着无可替代的桥梁作用。

科技知识的流动既包括正式的，也包括非正式的。前者指知识以可编码的、明确的方式进行传播，如出版书籍、期刊、杂志、报纸等印刷品；后者指知识以一种非编码的、意会式的方式进行传播，如研讨会、授课、谈话等[8]。科技社团组织开展的科学讨论会或学术理论研究会，以及主办的专业学术期刊等，共同构成了庞大且正式的科技知识网络，强有力地推动着研发网络的进步和发展。以中国科学技术协会（简称中国科协）为例，拥有全国科技期刊的四分之一以上，截至2020年，中国科协下属210个学会主办和共同主办的期刊共有1213种，其中由学会主办的期刊共1004种，学会分支机构办刊209种，以这些学术期刊为代表的各类知识载体为专业知识的生产与传播发挥着重要的作用。

另外，科技社团组成的各种研讨交流活动可以最大限度地强化研发网络中不同行为主体之间的相互作用，促进各种非正式的知识流动，使研发网络内部学习机会成倍增长，甚至促进科学技术知识的跨国界流动[28]。科技社团因其中立性、权威性和高知识性特点，其组织的学术交流活动能够使得个人的隐性知识（例如思维方式与技能诀窍）通过外显式的语言与概念，转化为可以广泛传播的显性知识。通过参与者之间的对话，个人的隐性知识得到表达和明示，而明示化的知识又传回给对话中的每一个人，通过个人的自我反思进一步产生出创新的思想火花[26]。另外，科技社团提供的一系列信息手段如学术期刊、出版书籍、互联网查询、制作音像资料、建立数据库等，则能够为现有的显性知识汇总和重复利用提供场所，以实现同行间知识的及时共享。

现代科技系统日益庞大，交叉学科、新兴学科等层出不穷，科学家仅靠个人的力量已无法承担起新时代的研发与创新重任。加快科技信息在研发网络内的流通传送，能够为研发与创新打下牢固基础。科技社团组织的交流活动促进了科技知识在研发网络内部的知识流动，启迪了创新思维，激发了创新灵感，促进了科技新知投入研发的过程。

1.4.3 在结构洞位置连接政企研

社会网络理论认为，结构洞在网络中起着重要的作用。结构洞是指群体或组织之间的空缺或断层，这些空缺可以促进新的信息和资源的流动，从而增强研发网络的创新能力和绩效[28]。

结构洞是对网络中合作伙伴间关联程度的衡量，指的是网络中某些个体之间发生直接联系，但与其他个体不发生直接联系或产生关系间断的现象。网络结构洞是个体网络结构特征的一个重要方面，指的是两个节点之间非冗余的关系。网络中部分个体通过连接不同的、相互间断的关系，开发存在于这些不同个体之间的结构洞，为企业发展提供新的资源，因此结构洞强调的是网络中的个体在网络企业发展中的积极正面作用，网络中的行动者拥有的“结构洞”越多，将会获取越多机会，从而提高收益。

社会网络分析比较关注网络位置，它是网络参与主体之间建立联系的最终状态。在企业研发网络中的主体获得新信息的机会与网络位置息息相关，而获取新信息的能力是企业进行研发与创新活动的一个重要因素。其中，结构洞是一个关键的网络位置，占据结构洞位置的研发网络成员可以与更多其他企业进行信息、知识、技术等各种资源的共享与交换，获取了新的资源之后，结构洞对于企业风险分担、研发能力、创新绩效均会产生显著的积极影响。在整个研发网络中，科技社团就位于政府、产业界、科研机构子网络之间的结构洞位置，在这三类主体之间充分发挥减少信息不对称、搭建资源需求与传递通道、协助监管与规范导向的位置优势。

科技社团对于政府来说，能够有效协助政府参与到企业与科研机构开展的研发项目的事前评估、事中跟进、事后验收过程中。

（1）事前评估

政府根据科技发展的总体需要确定对研发项目的投入，并以公开、公正的程序使用公共资源。科技社团则可以通过同行评议等方式帮助政府完善评估评审的机构和标准建设。从公开、公平、公正的角度讲，研发项目的评估人不能既是政策的制定者，又是政策的执行者。评估一般要由研发项目的委托人和受托人（责任人）以外的第三者独立进行。严格的评估评审制度，可以有效预防研发项目的“松弛”和“欺诈”现象，大幅度减少信息不对称导致的研发败德行为。社团的独立性和专业性都使得其能够更好地作为第三方的评估者，给出专业和科学的指导和建议。

（2）事中跟进

科技社团能够在执行的各个阶段提供专家评议，帮助政府实时跟踪研发项目的执行，协助对项目过程进行中期检查和评审，从质量、进度、财务支出预算等方面跟踪控制，降低项目的风险，及时发现、分析项目实际进度与目标差异，加强研发项目的事中控制，根据项目实施的评估情况向政府建议是否调整项目的经费预算或对项目继续投资。

（3）事后验收

科技社团还可以协助政府进行研发项目的评估验收，设计成果评价的指标，并参照指标实际对项目实施状况进行评估[10]。不仅如此，科技社团还有利于打破长期的部门分割、行业分割和条块分割，建立信息、知识、人才、资金多向互动，同时又强化集聚的研发网络体系[29]。科技社团具有科学共同体所特有的学术规范，涉及学术规范性和学术伦理道德。科技社团用学术规范和伦理道德来约束科研人员的活动，而且能够进一步在深层次上支撑和维持科研人员的学术伦理道德标准。

科技社团对于企业来说，则能够充分发挥研发跟进与研发预见的重要作用。研发只有投入实际生产过程，才可能成为推动经济增长的强大力量。科技社团通过开展科技服务可以加快科技系统与经济社会文化系统之间的知识流动，即研发活动与经济生活之间的流动[26]。具体表现在，企业与科研机构肩负着研发落地与研发推进的重要责任，因此需要及时准确地研判未来经济发展的风口，据此调整研发重点，及时摒弃那些存在缺陷或没有战略价值的研发项目，这些判断都依靠对于政府未来导向的准确把握，以及对科研机构的技术现状与研究进展的了解。而科技社团恰恰占据了企业与政府和科研机构之间的结构洞位置，一方面能够较快地领会与传递政府方面的未来研发重点，协助向企业传递政府的倾斜资源与政策；另一方面能够连接到高校、研究所等科研机构，及时跟进了解当前研发进展与技术瓶颈，搭建技术从研转产的通道。换句话说，科技社团占据的结构洞位置能够帮助企业搭建与政府及科研机构之间的资源输送与信息交换的通道，使企业借助科技社团这一关键节点与政府及科研机构建立联系，促进符合国家政策发展需要的研发项目的落地与开展。

科技社团对于科研机构来说，则充分发挥助力科研机构的研发成果投产落地，以及向企业与政府输送研发与创新人才的重要作用。如上提及，科研机构开展的研发项目需要最终投入应用才能发挥出其价值，因此科研机构需要与企业等技术应用主体建立联系，以保证研发项目符合企业实际需要，能够为企业带来实际效益，顺利投入量产或应用。而科技社团能够发挥其占据的科研机构与企业之间的结构洞位置优势，通过学术交流活动或产学研结合等联盟为研发机构与企业之间建立信息共享与资源输送的桥梁。例如，科技社团的会员背景多样，来自学术界与实业界，通过科技社团举办的各类学术交流活动，来自实业界的各类人才可以获得学者成果的优先权，帮助学者在同行中建立学术影响，获得来自技术使用方的认可[30]。另外，学者也可以与企业界人士进行面对面的讨论和答疑解惑，从而快速了解当前社会的研发热点、难点问题，知晓学术界最新的研究进展情况，有利于学者少走弯路，减少或避免重复劳动，并在此基础上继续创新，有利于科研机构进行研发与创新人才的培养。

1.4.4 担任跨边界组织角色

在研发网络中，不同研发主体受其各自深层次的社会、文化、心理等因素影响，彼此之间的组织边界较为明确。分属不同组织类型的企业、大学、政府等研发主体，由于组织边界的存在，知识的生产、流动、扩散与共享，在不同组织间往往并不能自动自发实现。这会导致在研发网络的分析框架内，研发主体之间缺乏相互作用，公共部门的基础研究导向与产业界的应用研究导向之间存在一定错位，最终阻碍整个研发网络的高效配合与运转。

而科技社团作为科技人员基于学术自由、平等交流、互动自主机制自愿结合而成的柔性社会组织，组织边界是开放的，组织成员可同时分属于不同的其他社会组织，具有骑跨企业、高校、科研院所、政府部门等不同社会组织的管理特点。科技社团的会员构成覆盖了学术研究的理论及实践层面、科学技术知识的生产、传播以及应用的各个阶段，具有跨行业、跨部门、跨区域、跨国界、跨学科等组织网络优势和客观公正性与非营利等社团属性优势，使得科技社团具备区别于单个内部闭合的子网络的极强的社会连接功能，也使其具备可能更广阔的影响范围[31]。

这种跨边界的组织特点使得科技社团能够提供全面的社会服务，协助政府或行业建立切实可行的技术标准与规范。改革开放以来，特别是随着行政管理体制和社会管理体制改革的不断深化，科技社团作为不同于政府和企业的独立第三方的地位日益突显，其在开展与科技相关的公共服务方面也承担着越来越丰富的职能。科技社团为企业与政府提供的服务包括但不限于以下几种。

（1）专题研究

组织专家进行研讨，提出或发表自己的研究报告，用报告等形式专题报送党委政府和有关部门；专门研讨。就某一个方面的重大问题，通过组织著名专家举办专门论坛等形式进行研讨；接受委托。根据有关方面的要求，组织专家对有关政策或专项研究开展咨询，提出修改、完善与补充意见；推荐专家。推荐和组织专家参与经济社会、行业、企业或区域发展规划等政策制定；开展对话。

（2）听证会

科技社团作为第三方，就专业政策制定中牵扯科学、技术与创新的问题组织开展政府与企业、科研机构的对话活动，事先征求企业与社会意见，让政策制定者直接了解到企业与公众的想法、愿望以及他们关心的问题，使制定出来的政策更加科学、准确，能够很快地得到企业与社会的理解与支持。

（3）协助政府管理研发项目

为了防止在科学发展研究中重复立项浪费资源等现象的出现，科技社团的跨行业、跨区域、跨学科的属性使其能够汇总全面的研发项目信息，并在政府的要求下按照项目进度开展监督、评估、考核与结项工作。除此之外，也能够在研发项目立项评估的初期，通过对已立项项目的查询与考察减少重复立项的现象，实现研发效用的最大化。

（4）开展中介咨询服务

以中介咨询机构的方式向企业与科研机构提供服务，例如帮助筹划研发项目申报方案、科技人员专业技术资格评定、科技人员培训和继续教育、技术鉴定和论证、技术标准（规范）制定、发展规划咨询论证、立项可行性评估和技术事故鉴定，等等。这些公共服务向科技社团的分流一方面能够保证科技公共服务的中立性、客观性与公平性，另一方面也在一定程度上减轻政府工作的负担，能够以更加专业的角度提供企业与科研机构切实需要的服务，保证各类研发项目做对方向，做到实处。

总之，科技社团对于促进国家创新实力提升和科技发展具有重要作用。首先，科技社团有助于整合国家的科技研发投入资源，搭建有效的研发网络。在研发网络中，不同的机构和企业通过合作，将各自的资源整合在一起，形成相互间的互补优势，提高研发效率和创新能力。其次，科技社团可以促进科技研发成果的转化。研发网络中的各个参与者之间有着密切的联系和合作，这有利于科技成果的传播和转化，从而促进科技成果的商业化和应用。最后，科技社团可以加强国际科技合作。在全球化的背景下，科技社团构建的研发网络，使得科技界和企业界能够在国际领域展开更为广泛和深入的合作，加速国家的科技发展。在研发网络中，科技社团可以发挥中介和桥梁的作用，协助不同参与者之间的沟通和协作，推动整个研发水平的提升。

1.4.5　我国科技社团的能量有待释放

目前，科技社团在我国研发投入管理体系中的作用缺失，国家科技研发投入规划和调整缺乏中立机构的评价和协调，在一定程度上导致了科技研发投入分配和执行中的经费重复浪费，还导致了各部门对利益分配格局的追求和博弈，不利于政府通过科技研发投入管理实现对国家科技研发活动的宏观调控。在很多情况下，一些政府部门既是科技研发投入的规划者、具体计划和科技项目的制定者，又充当实施具体科技项目的执行者，最后还是科技成果鉴定的评判者，而专业、独立、客观、权威的科技社团在整个科技研发投入管理体系中没有发挥应有的作用。科技研发投入管理涉及科技投入规划的编制、批准、执行和监督等诸多环节，又横跨国防、教育、通信、交通、医疗卫生等多个领域，需要充分发挥政府、科技社团、企业等多方主体的协同作用。

随着科技研发投入体制改革的不断深入，科技研发投入效能低、不聚焦、重复性和缺乏战略协调等问题亟待解决，建立科学合理的研发投入管理体制势在必行。科技社团作为社会组织的主要形态之一，在建设科技强国的进程中，应结合自身特点，承担起推动科技工作者和各类研发主体服务于我国科技研发与创新的重任。科技研发平台是人才、资金、信息等各类研发要素的汇聚地，是促进科技成果转移转化和培育发展高新技术产业的重要载体。完善科技研发平台体系有利于有效整合政、产、学、研、用等各类资源和要素，形成高效的研发网络，贯通研发、孵化、转化、投融资服务等关键链条，有效提升科技成果转移转化成效，推动科技研发与创新赋能经济高质量发展。

1.4.6 发达国家科技社团的经验值得借鉴

从发达国家的发展经验来看，科技社团的作用不可或缺。美国、日本和欧洲等发达国家都高度重视科技社团在科技研发投入中重要的纽带和桥梁作用，形成了独特的、有效的科技研发投入管理体制。科技社团是按照科学技术领域中的基础科学、技术科学、工程技术及相关学科组建而成，是科技人才的聚集地。科技社团是国家研发与创新体系的重要组成部分，不仅在其边界内部发挥着聚合、交流、评价与规范的功能，促进知识的产生和流动，还通过决策咨询、行业服务、科学普及建立了广泛的外部互动网络，推动经济增长与社会进步。科技社团的成员借由科技社团的平台，可以彼此沟通交流自身的知识和技能，从而产生新的知识，并协力解决实际问题。科技社团也与外部资源互动，频繁进行知识更新和传播等活动。

相比世界主要发达国家，我国科技社团的数量和一流大学的数量处于世界中上游水平（图1-6），然而，科技社团在研发投入管理中应有的作用还未充分发挥出来[3]。借鉴发达国家的经验，立足中国特色社会主义现代化建设需求，我国科技社团在提升科技研发投入效能方面有相当大的发挥空间。

近几年，按照中央关于推进创新驱动发展战略和建设世界科技强国的部署，我国提出建设世界一流科技社团的目标，积极深化科技社团改革，

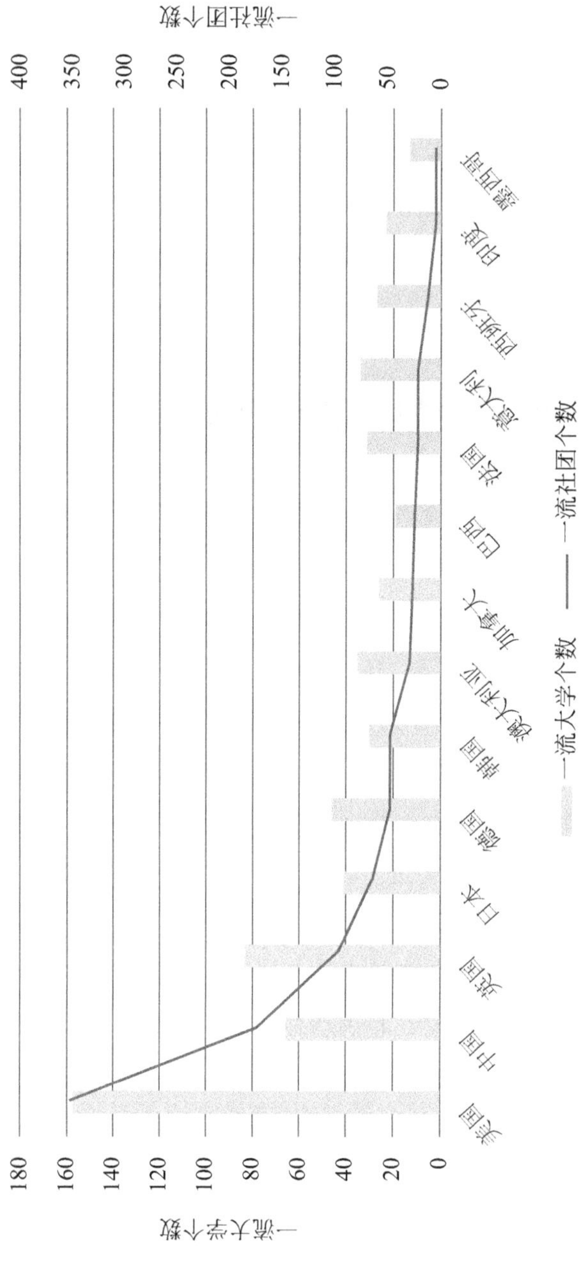

图1-6 世界主要国家一流科技社团与一流大学数量[3]

提升科技社团自主发展和服务能力，力求进一步在促进创新、参与国家治理和促进中国科技走向世界的过程中释放能量，明确提出打造50家世界一流科技社团，2019年起连续4年发布世界一流科技社团评价排行，并于2021年启动新一轮中国特色一流学会建设支持项目，旨在通过培育一流学会提升中国科技社团的整体实力，从而更好地服务我国创新型国家的建设。

当然，我国与发达国家有着不一样的国情，切忌生搬硬套发达国家科技社团的做法，而是需要立足我国的国情，结合我国科技强国战略，创新性地借鉴其成功经验，释放科技社团在建设科技强国中的能量，让科技社团真正成为联合广大科技工作者的重要载体，在开展学术交流、推进和完善国家创新体系建设、促进区域经济社会高质量发展、实施科学普及等方面发挥重要作用。

总体来看，世界一流科技社团要以一流学科为知识基础，和一流大学相伴相生，与一流产业融通发展，主办一流期刊、一流会议和一流奖项[3]。建设世界一流科技社团是提升国家自主创新能力、完善国家创新体系的重要举措，也是深化体制改革、调整政社关系的必要环节。新时代科技事业的飞速发展与大量高水平创新人才储备提供了培育世界一流科技社团的丰厚土壤，中国特色社会主义制度的规范引导及各级政府和科协的组织支撑更是中国科技社团追赶超越的优势所在。我国可以借鉴世界一流科技社团的经验，尽快将我国的科技社团建设成世界一流科技社团。

我国社会主义制度的优势是能够调动所有资源并集中力量办大事。我国现阶段重要的战略目标是，努力健全科技攻关新型举国体制，进一步强化国家战略科技力量，合理并高效地优化配置研发与创新资源，提升国家创新体系整体效能，因此，科技社团必须纳入到国家科技政策的顶层设计中。让科技社团在科技基础能力建设，夯实力量构建、资源配置、基础设施、科研平台、政策法规、技术标准、创新生态、科技人才等基础工作方面发挥专家组、智囊团的作用。

要着力破解深层次体制机制障碍，营造良好政策环境，深化科技成果评价方面的改革，鼓励和加大多元化科技研发投入，完善法律法规以加强知识产权法治保障，形成支持全面创新的基础制度。要优化国家科研机构、高水平研究型大学、科技领军企业的定位和布局，加强企业主导的产学研深入融合，提高科技成果转化和产业化水平。要站在全球化视野的层面上规划和推动科技研发与创新，制定出更加开放包容、互惠共享的国际科技合作战略，以更加积极的心态和开放的思维和举措推进跨国科技交流合作，以开放和创新促进我国科技在更高起点上的自主创新，加快实现我国高水平科技自立自强的目标[32]。

第2章
我国科技研发投入管理现状及影响因素研究

科技研发投入管理制度是影响一个国家科技发展速度和水平的重要因素之一。科技研发投入管理包括明确科技研发投入的范围和目标、制定科技研发投入规划流程和标准、加强中央和地方政府的协调和配合、完善科技研发资金使用和监管制度、提高科技成果转化和应用效率、改革科技成果评价机制等方面的内容。此外，还需要充分发挥中立专业机构的作用，有利于增强科技研发投入管理的透明度和公开度，以及加强政策宣传和推广，提高社会的科技认知和科技研发能力。

自我国提出建设创新型国家目标以来，我国科技研发投入总量快速增长，但是科技研发投入效果不尽合理，容易在关键核心基础领域遭遇“卡脖子”，究其原因，这跟我国基础研究投入偏少以及科技研发投入管理体制紧密相关。建立科学的科技研发投入管理体制需要明确我国目前科技研发投入管理中存在的问题。在我国当前科技研发投入管理中，政府主导科学技术的研发投入，还需要考虑充分发挥中介专业机构的作用，完善投入规划制定程序；同时，克服不同部门的本位主义问题，不同科技预算单位在编制科技相关预算时，均结合本部门需要编制和调整预算数额，横向协调和制衡机制尚待建立。如何充分发挥国家财政科技研发投入的引领作用，推进科技研发经费管理改革，努力提高科技研发投入效能变得越来越重要和紧迫。

2.1 科技研发投入管理现状

研发经费投入管理是政府科研经费管理体系的基石。近年来，在汲取发达国家管理经验的基础上，我国的公共财政体制得以建立。在《中华人民共和国预算法》的指导下，我国进行了比较大幅度的预算管理体制改革，形成了以部门预算为核心的预算编制方式，建立了国库集中收付制度，加强了财政管理信息系统建设，实施了对特定科技项目的政府采购制度，会计委派制度也在落实中。这些重大改革举措使我国科技研发投入管理日益规范。但是，我国科技研发投入规划中仍然存在规划制定程序不够规范，评价体系不够科学以及科技资源配置不平衡等一些问题。

（1）科技研发投入资源配置需进一步集中

国家科技投入规划需要考虑到每个行业和学科急需解决的科学技术问题。但是，一些受制于人的“卡脖子”领域和薄弱学科则不一样，决定着其他领域和学科的技术高度和创新成果，因此需要集中科技资源进行重点突破。国家科技计划整合后，形成了国家自然科学基金、国家科技重大专项、国家重点研发计划等基本架构，重点处理重复、分散、低效、资源配置“碎片化”等问题，这些问题已经得到一定程度的改观。但依然存在研发投入不够集中、缺乏整体性和引导性等问题。

国家科技研发投入的规划和调整是直接反映国家科技政策和国家发展战略变化的重要工作，并对全社会科技活动产生巨大导向作用。各部门科技研发投入的规划和调整如不加强顶层设计和协调，不仅会因科技经费分配和执行中的重复浪费和布局缺失，并存导致各部门对利益分配格局的追求和博弈，也不利于政府通过科技研发投入管理实现对国家科技研发活动进行宏观调控和管理。

（2）科技研发投入科目的设置应更加科学化

现有的科目难以通过常规方式进行统计分析以及与国际上其他国家的设置进行比较，科学事业费跟科技三项费之间没有清晰的层次关系，存在着科目归纳不足、共用功能差、科目的名称和内容存在不一致之处，也会发生支出内容交叉重复等问题；此外，还有一些研发资金用于安排科技研发活动之外的活动，未计入科技预算总额中。科技预算科目设置不科学，会导致政府科研经费统计数据与国家财政对科技研发活动的实际投入之间存在着出入。

此外，我国创新型企业规模小、研发团队相对较弱，国有企业研发动力和创新生态不足，客观上也制约了企业研发主体地位的确立，因此更需要国家科技力量发挥更大作用。但是，在国家科技计划专项实施方案和概算编制中，有的项目并非基于企业和产业实际技术需求，而是基于编制组专家自己理解的需求，这导致立项项目与实际需求存在偏差。

2.2 科技研发经费执行和管理现状

在国家出台的《中共中央、国务院关于加强技术创新、发展高科技、实现产业化的决定》中，“国家科研计划实行课题制管理”首次被提了出来，为了进一步落实该政策，课题制管理模式在全国范围内得到了迅速推广，已成为最主要的政府科研投入的管理方式。由于课题制强调了“以人为本”的科研理念，该模式的实施效果明显优于以往的模式，这样就建立起了人才流动机制，调动科研人员的积极性，激发科研人员的创新潜能。但还存在科研经费管理监督不够到位，经费使用效率不高等问题。

因此，虽然国家现在对科研预算的投入着实不少，但需要进一步优化科研经费的分配、执行和管理，完善相关的管理体制，研发投入才能达到预期的效果。

2.3 影响科技研发投入管理的因素

2.3.1 现有经济发展水平

从各国科技研发投入管理体制的变化进程中可以看出，一般情况下，在整体经济发展水平比较低的工业化初期，由于国家财力有限，企业是技术创新投入的主体，国家的科技研发投入多集中在军工科技领域，科技研发投入管理的集中度较高；到了工业化中期，政府财力开始向具有溢出效应的基础科研及产业共有技术领域倾斜，在预算管理中开始引入相关机构参与；在工业化后期，科技发展对一国经济的国际竞争力起着至关重要的作用，许多国家建立了或以集中协调为主，多方参与的科技研发投入管理体制，或以多方机构参与为辅、以政府协调为主的科技研发投入管理体制。其中，美国、德国和英国等国家，采用的是多元分散型科技研发投入管理模式，这一模式的共同点是强调多元化和分散化；另一种模式的代表性国家有法国、日本和韩国等，他们采用的是集中协调型科技研发投入管理模式。

可以得出以下几个结论：一是经济发达且在科技上早就确立领先地位的国家，一般采用多元分散的科技研发投入规划和管理体制；二是追赶型国家，由于处于落后阶段，科技资源有限，一般采用集中协调的科技研发投入规划和管理体制；三是大多数国家都有一个部门在科技研发投入规划中占主导地位；四是财政部门的作用有限。因此，毫无疑问，一个国家的科技研发投入规划和管理制度是受其经济发展水平影响的。

2.3.2 政府科技研发投入规划体制

早在20世纪50年代初期，我国政府就建立了预算制度。20世纪70年代末，我国开始进行经济体制改革，这场改革涉及高度集权的中央计划经济体制的调整，也涉及财政体制和政府预算制度，导致方方面面都发生了深刻变化。

近年来，我国在科技研发投入体制方面开展了一系列的改革，重点聚焦科技计划整合、科技评价机制改革、科研经费“放管服”改革、人员激励、加强基础研究等若干方面。总体来看，改革取得了一定的成效。例如，我国近年来实施的各项预算改革措施，相辅相成，规范了预算资金范围界定、预算编制、预算执行等预算规划与管理的各个环节，初步搭建起政府预算制度框架，以适应公共财政管理的需求，该改革措施提高了预算管理水平，加强了预算约束效力[33]。然而，现有改革的重点是增量改革，同时，还存在现有政策不配套、操作性不强、落实不到位等问题，从而制约了科技投入效能的充分释放。从新中国成立后我国政府预算制度演进过程可以总结归纳出两大特征。

其一，改革开放后，我国财政改革把财政体制改革作为改革的突破口。但是，这两个改革往往不同步进行，财政改革是突破口、是试点，政府预算制度改革一般在财政改革之后进行。政府预算制度改革滞后于财政体制改革的原因主要在于：一是财政体制未稳定下来，还会经常变化，因此，政府预算制度改革缺少较为稳定的政策框架；二是财政收入领域成了我国改革开放后所进行的财政体制改革的重点领域，改革的关注点在于如何提高各级财政的增收积极性，怎样处理中央和地方政府之间的财政收入关系，而政府预算制度的改革属于财政改革的深层次问题，侧重点在于安排和管理财政支出，涉及更加广泛的地区，触及更深层的部门利益。随着社会主义市场经济的发展和构建公共财政框架目标的确立，要真正建立起公共财政框架，就必须对传统政府预算制度进行彻底改革。

我国科技体系的外部体制大环境是市场机制在资源配置中起决定性作用，体现出社会主义市场经济体制的主要特征。无论是科技资源配置，还是科技资源使用，都需要顺应经济体制大环境，理顺政府和市场的关系。政府可以发挥重要的引导作用，通过制定科技发展规划、编制科技计划、制定政策等，将市场主体的关注点引导到投入科技研发活动中。政府科技研发直接投入范围应该包括基础研究领域，这些是市场主体不愿意投入的市场失灵领域，如共性关键技术、基础科研、争夺科技制高点的前沿性技术研究等。

其二，中央政府在政府预算制度改革中扮演主导角色。随着分税制的改革，地方政府预算制度创新的积极性逐步提高。政府预算要集中反映政府财政收支活动，因此政府预算制度的改革更多关乎公共管理范畴。政府在政府预算制度改革中一般占据主导地位，尤其在我国实行中央集权制的情况下，中央政府具有特殊地位，并借助命令颁布者的身份强制其他主体遵守。我国现行的预算管理制度与政府预算制度相适应，但预算的完整性、公开性和透明度还需提高，同时预算支出效率也处于较低水平[34]。

2.3.3 国家科技发展战略

国家科技发展战略与国家的科技研发投入管理体制密切相关，决定了科技研发投入管理的模式。我国将“建设高水平自立自强科技强国”作为国家的科技发展战略，随着国家的科技研发投入金额在总的科技投入中所占比例越来越大，政府对科技研发投入规划管理的科学性和合理性会越来越重视。

随着数字技术的发展和应用，世界经济和政治格局的转变，新科技革命带来新的历史机遇，技术强国纷纷将研发与创新当作国际竞争的主要手段。首先，发达国家通过技术手段控制市场。数据显示，目前全球86%的研发投入和超过90%的发明专利都由发达国家拥有。发达国家和跨国公司依托科技优势和建立在其基础上的国际规则，形成对世界市场特别是高技术市场的高度垄断，从中获得大量超额利润。其次，发达国家还通过技术手段控制资源，例如空间、海洋和生物等战略资源的争夺已成为各国竞争的焦点。

面对当今科技进步和经济发展总体态势，经济大国和科技强国制定的战略都基本类似，其中之一是将科技研发与创新上升到国家战略的高度。例如，美国政府的国家战略目标是，保持美国在科技前沿领域的国际领先地位，并一直给予很高的研发支持。美国的研发投入强度约为2.8%，早在2003财年，美国联邦政府科技预算达1180亿美元，是历史上最大规模的联邦政府研究开发支出。叠加美国庞大的经济体量，美国2022年研发投入达到了7132亿美元。日本政府把科技创新立国和知识产权立国作为国家战略，加大在科技研发方面的投入。2022年，日本的研发投入强度高达GDP总量的3.2%，即日本2022年研发投入达到了1354亿美元。韩国政府提出必须在国家层面上制定和执行基于科技的政策，为国家发展探索新道路。

其次，将科技投资作为战略性投资。例如，2020年7月，英国发布了

《英国研究与发展路线图》，旨在全面推进英国科技强国战略。英国政府在2021/22年度为科技研发投入149亿英镑（约合1341亿人民币），这一支出将创下英国40年来的最高纪录。到2024/25年度增加到220亿英镑，并计划到2027年将研发总投资提高到经济产出的2.4%。2022年，欧盟的研发投入强度达到了2.27%，研发投入大约为3780亿美元。欧盟“地平线欧洲”计划（2021～2027）把卓越研究作为三大重点任务之一，而韩国也出台了“基础研究振兴”综合计划。第三个战略是超前部署和发展战略技术及产业。有些国家已在人工智能、航空、核能、汽车、微电子、软件等产业领域取得领先地位，这在很大程度上是因为这些国家采取了超前的战略选择和实施。从中我们可以看出，科技革命给后发国家带来了历史机遇。后发国家可以充分利用后发优势实现社会生产力的跃升，但也可能被边缘化，并且与发达国家的发展差距越来越大。

自党的十八大以来，党中央高度重视国家科技创新的整体布局，力争把我国建设成为创新驱动型国家。党中央多次强调指出，必须将推动科技自主创新置于所有科技工作的重要位置，促进结构调整和增强国家竞争力被当作提高科技自主创新能力的核心环节。我国正在加快建设中国特色的国家创新体系，创造历史奇迹，走一条具有中国特色的科技创新之路。党的二十大报告再次强调，必须把建设高水平自立自强的创新型国家作为国家战略，这一战略要贯穿到我国现代化建设的方方面面，贯彻到各个产业、行业和地区，努力将我国建设成为具有国际影响力的创新型国家。我们要统一思想，需要进一步深入学习和思考党中央的精神，坚决贯彻落实党中央的重大决策，并贯彻落实到各方面工作中。

当前，中国科学技术发展正处于新的战略起点。在应对新形势和新要求时，我们必须坚持科学发展观，并大力推行和实施科教兴国战略以及人才强国战略，将提高自主创新能力当作我国的当务之急，并放在所有科技工作的突出位置，开辟具有中国特色的自主创新之路。中国必须坚定地在自主研发与创新基础上推动科技进步。我们应该依托自身国情，根据自身战略需求，选择适合自己的科技发展方向和道路，并确立自己的战略目标。据此，我国确定的科技战略重点如下。

一、持续强化国家战略科技力量是提高国家创新体系整体效能、实现高水平科技自主创新的重要选择。应该加快建设以国家实验室为核心的战略科技力量，聚焦量子信息、光子与微纳电子、网络通信、人工智能、生物医药、现代能源系统等关键领域创新，建立一批国家实验室，重新组建国家重点实验室，构建结构合理、运行高效的实验室体系。同时，应该推进科研院所、高等院校和企业科研力量的优化配置和资源共享。

二、有必要持续优化科技创新基地布局。国家科技创新基地是科技创新活动的重要载体，应持续优化提升和加强布局。优化提升国家工程研究中心、国家技术创新中心等创新基地。强调推动产业关键共性技术、引领性前沿技术、研发现代工程技术、进行颠覆性技术创新，加快科研成果向现实生产力转化，促进重大科研成果转化应用以及产业基础高级化和产业链现代化。

三、统筹推进区域创新高地建设。区域创新高地是建设世界科技强国和实现中国式现代化的战略支撑。党的二十大报告进一步指出，统筹推进国际科技创新中心、区域科技创新中心建设。区域创新高地建设要探索出符合中国国情的特色模式，党中央提出各地区要立足自身优势，结合产业发展需求，科学合理布局科技创新。要支持有条件的地方建设综合性国家科学中心或区域科技创新中心，使之成为世界科学前沿领域和新兴产业技术创新、全球科技创新要素的汇聚地，吸引更多的高端科技人才。

国家科技发展战略需要有配套的科技研发投入体系的支撑，因此，也需要对我国的科技研发投入体系进行一定的调整：一是科技研发投入结构和支持方式需要大力调整，研发经费需要向基础科学、前沿技术和社会公益研究项目倾斜，并对研究基地、科研队伍给予相对稳定的经费支持；二是给科研院所赋能，让他们在科技经费、科技人才政策等方面拥有更多的决策自主权，激发科研院所的科研潜力以及科技资源整合力，赋予他们更多的研究自主权；三是在科技成果评价方面，可以根据不同的研究类型采用有针对性的评价标准，例如，对于基础研究成果，可以用学术水平作为主要评价标准，让科学家能够专心致志地从事学术研究，激发他们在探索自然规律方面的热情；四是鼓励自由探索，对于有争议的创新性项目提供特别资助，鼓励原创性探索，促进各类学科充分发展；五是促进科技资源的共享，搭建科技基础条件平台，为各类人才提供平等竞争的条件和机会。

为推进我国科技事业的快速发展，国家先后实施了各类科技攻关计划，例如863计划、973计划、星火计划、国家科技支撑计划等，实施了16个国家科技重大专项，建设了一批重大科学工程和重点科研基地。近年来，中央财政每年的科技研发经费预算逐步增长，2022年我国全社会研发经费投入约3.09万亿元，这些经费广泛分布于科技、发展改革等有关部门中。

基于我国科技发展战略的调整，国家将高度重视科技研发投入资金的高效使用问题。一是在研发投入方面，财政研发资金要重点资助国家科技战略的重点、高技术、关键技术和战略产品等领域，例如，加大对基础研究、前沿技术研究、社会公益研究、科技基础设施等方面的研发投入，这些都是市场资源配置机制不能有效发挥作用的领域。因此，我国科技研发投入结构需要进一步优化，财政支出应该优先解决这些问题。二是提高科技研发投入规划的权威性，科技研发投入规划应该服务于国家科技发展的目标，能够有利于提高国家的科技动员能力，提高科技研发经费的使用效能。三是构建多元化科技研发投入宏观架构，使科技研发投入符合社会主义市场经济体制的客观要求，使政府、企业、金融体系之间产生协同效应，实现在市场资源配置机制基础之上的科技投入合理分工和协调配合。

第3章

国外科技研发投入管理模式研究

科技研发投入是政府科技研发投入管理体制的重要组成部分，科技社团可以在科技研发投入管理中发挥作用，但其作用的发挥会受到国家政治体制、财政体系、经济制度的约束，同时还受一定时期的国家发展战略和科技发展战略的影响。如何判定科技经费投入的正确性以及经费使用的合理性，对提高科技研发投入效能极其重要，这也是长期困扰科技管理部门的一大难题。世界上许多国家和地区均在积极研究和探索科学合理的科技研发投入管理方法，并使之逐渐科学化、规范化。其中，有效发挥科技社团的参与作用，对于提高科技投入管理水平、强化科技经费使用监督、构建研发网络、促进科技事业的发展将发挥重要作用。

本章梳理国外科技研发投入管理模式，从中汲取相关的经验，以期为进一步完善我国科技研发投入管理模式提供借鉴。由于政治体制、经济发展水平、社会意识形态、文化背景、科技发展程度和法律法制等环境存在差异，不同国家和地区的科技体制和科技经费投入管理制度也各有特征。不同的科技经费投入管理体制下，科技社团在科技经费投入管理过程中发挥作用的制度背景、途径和方式也不尽相同。总体来说，国外科技经费投入管理模式可分为四种：多元分散型、联邦分权型、集中协调型和高度集中型。

3.1 以美国为代表的多元分散型管理模式

3.1.1 白宫、国会和联邦政府形成三级管理协调机制

美国科技投入协调机制主要是指由白宫、国会和各联邦政府等构成的多机构合作监督机制，负责协调和整合各部门和机构的科技研发计划和预算，确保研发经费的使用符合国家科技发展战略和目标。这一机制的主要

特点包括三个方面：白宫统领作用、国会研发审批以及联邦机构的规划与汇总。

（1）白宫对全国科技工作的统领作用

美国的科技研发投入管理体制并不是由一个统一的科技管理部门来管理和统筹的，而是由分散在多个机构之中的科技管理部门共同管理，虽然没有一个统一的科技管理部，但会有一个统一的研发投入预算来总领科技研发整体工作。包括国家科学技术委员会（NSTC）、总统科技顾问委员会（PCAST）、白宫科技政策办公室（OSTP）和总统预算办公室（OMB）在内的四个主要机构，是管理科技研发投入和协同国家科技发展目标及决策的主要机构，总统通过这四个机构来统领国家科技研发投入[35]。

总统任命专业人员组成国家科学技术委员会，专门协助总统协调全国科技工作，主要承担宏观战略层面上的统筹协调管理，属于国家最高层级的科技投入决策部门，向总统提供科技政策建议和决策支持。总统负责主持国家科学技术委员会的工作，国家科学技术委员会成员包括副总统、总统科技顾问、各部部长、国家宇航局、国家科学基金会的负责人。总统科技顾问委员会主要负责科技咨询以及辅助科技决策。

总统科技顾问委员会共有24名成员，成员有科技办公室主任，其他成员都是来自各行各业有重要影响力的人物。例如，来自实业界的管理者、来自教育界和科研院所的专家学者以及来自非营利机构的领袖人物，他们从政府之外的立场给国家科学技术委员会制定的科技发展计划提出反馈意见和修改建议。白宫科技政策办公室需要统筹协调各政府部门的研发投入规划，在各部门制定研发投入规划之前，白宫科技政策办公室需要联合总统预算办公室共同发布《科技预算优先领域备忘录》，确定科技发展需要重点资助的科技领域；此外，白宫科技政策办公室负责初步审查总统预算办公室汇总后的各部门研发预算。总统预算办公室是美国政府制定研发投入规划的具体机构，安排并制定科技总体投入目标与编制出各领域的经费支出，最终形成统一的联邦科技投入规划。总统预算办公室负责汇编各个联邦机构的预算方案，统一汇编后形成联邦预算，提交总统审核[35]。

（2）国会负责研发预算的审批

美国国会下设委员会专门负责科技管理工作，分别归属于参议院和众议院。商务、科学与运输委员会直属参议院，下辖六个分委员会，负责通信信息安全、消费者服务质量、涉外商务及旅游、海洋和渔业开发、科学技术与空间开发、陆运与海运科技事务。科学委员会直属众议院，下辖基础研究、航空航天、能源及环境、技术与标准四个分委员会[36]。这些委员会将审核总统提交给国会的研发预算草案，并制定相应的拨款法案。

（3）联邦政府负责本领域的研发投入规划并上交白宫

美国大多数联邦机构都涉及科技研发投入管理。26个联邦机构负责研发计划，包括像国防部（DOD）、能源部（DOE）、国家航空航天局（NASA）、卫生部（HHS）、联邦科学基金会（NSF）等在内的主要机构[37]。科技投入规划的制定是一个复杂的过程，需要考虑科技管理部门的总体目标、本部门优先支持的领域与目标，还要考虑咨询委员会的信息、产业和高校的合作伙伴以及国会请求、过去的拨款法案和法律变动等问题。联邦政府与私营企业之间关系密切，能促进科技研发成果的商业化应用。联邦政府还设立科技创新示范区，旨在促进科技创新和经济发展，通过提供各种资源和支持，鼓励企业开展科技研发和应用。联邦政府编制的年度科技研发预算，将各个部门和机构的科技研发项目进行整合和协调，将整合后的科技研发投入规划递交给总统预算办公室（OMB），汇总在一起形成联邦预算。这些研发计划构成了美国政府研发计划的主要部分。

美国科学促进会（AAAS）负责发布联邦研发预算年度详细分析报告，并向社会公布分析结果。美国的研发预算编制公开程度很高，纳税人可以通过多个渠道了解财政预算信息。例如，《联邦政府阳光法案》就是专门针对财政预算透明化的法案，政府可以在不透露机密的情况下，尽可能地将科技投入预算的内容公开发布。纳税人可以通过官网主页、新闻媒体等多个渠道获得预算信息，连提交给白宫和国会的预算文件都可以查到。

白宫、国会、联邦这三层机构共同组成了美国科技研发投入协调体系，三个层面之间连接紧密，相互协同，构成研发投入管理体制的分权与制衡之间的平衡，通过三层协同机制，科技研发投入规划权在白宫、国会联邦政府之间以及各自内部的部门之间合理分配，形成既相互制约又相互协同的体系，保证了审核机制的完善，有助于提高美国科技研发投入资金的使用效率，提升科技研发能力和全球竞争力。

3.1.2 三重协调机制具有形散神聚的特点

美国政府的科技研发投入管理是以总统为主导的多部门科技研发投入管理模式，总体上呈现“形散神聚”的特征。在科技经费的编制和调整环节中，白宫、国会、联邦政府等多个部门都在参与科技研发投入规划的编制，其中，国会还负责对研发投入编制进行审核并有表决权，但整个科技研发投入管理的主导权由美国总统及其科技政策班底实际掌控[38]。几个最主要的科技投入管理单位包括：国防部、卫生与人类服务部、国家科学基金以及国家航空航天局等。

美国科技政策和科技项目优先权决定了美国政府科技计划项目经费的“预算空间”。此外，预算空间还受预算总金额的限制，需要通过多方参与预算审议会多轮讨论决定。无论是来自政府机构的意见，还是来自非政府机构的建议，总统和国会预算立法者在决策时都会逐一考虑。预算总额的大小由国会授权立法确定，未来各研究机构若有预算增加的情况，则根据国会授权立法和其他相关规定，由科技基金为研究机构提供增加的预算资金。在预算申请的金额之内，研究机构拥有优先权，这些机构的优先权一般与国家优先权处于同等地位。国会安排一次正式的听证会仔细审查预算规划，申请人需要在科技项目与预算听证会上详细解释预算项目金额及用途。根据预算草案和听证会上申请人提供的资料和信息，并统筹考虑国家科技项目优先权，通过国会审核后，由总统签字决定最终的科技研发投入拨款。这种科研项目投入经费管理虽然耗时耗力，但是能够保证科技研发项目经费预算的拨给。

美国总统及其科技政策班底在科技研发投入规划和调整中发挥主导作用，并体现在科技研发投入规划编制过程的始终。然而，这种主导作用并没有直接显现出来，人们常常看到的表象是美国联邦政府的多部门预算编制和执行、国会对预算的审核和表决等程序。联邦预算体制由三个主要环节构成：首先，由总统对研发投入规划建议进行归总。各部门将研发投入规划及经费需求递交给总统办公室，管理和预算局汇总后，对科技研发投入规划进行排序后交白宫科技政策办公室初审，之后再综合总统的意见，形成初步的预算编制框架方案。接着，国会进行审核和表决。国会先仔细研究总统的预算建议，再用投票方式决定每一条款预算需求是否通过，如有投票未通过的，需要与总统协商，最后达成共识。其中，国会审核科技研发投入规划的机构实际上是由不同的委员会负责的。最后，执行科技研发经费。根据颁布的《预算执行法》，预算支出被分成两部分：一部分是直接支出，也就是法定支出；另一部分是灵活支出。当资金拨付到各部门后，部门则具有资金支出方面的自主权。另外，如果遇到部门有不在预算规划内的额外支出，部门可以依法请求国会追加拨款。

美国各政府部门都制定了自己的科技研发计划，而且各研发项目的立项、预算、执行、评估等各自自成体系。但研究与开发活动项目主要由联邦政府和实业界的资金来支持，由各部门按项目需求提出经费规划，国会批准后即可纳入年度财政预算。

3.1.3 科技项目实行全生命周期管理模式

美国政府科技项目管理采用全生命周期的管理模式。这一模式由立项评审、中期检查和结题验收等环节构成，在项目执行过程中，会按照项目计划的具体特点，实行阶段性、节点性、里程碑式的中期检查和评审，从项目质量、预期进度、财务支出等方方面面进行跟踪控制，确保总目标下的子目标得以实现，尽可能地降低风险。由此可见，美国的研发预算有一个长时间的编制、执行、审计和绩效评估过程，能够充分考虑研发投入的方方面面，并保证研发投入规划的各个方面都得到较为充分的审核，还能在审核的同时不断对预算进行调整，使得预算的安排达到比较合理的状态。例如，美国商业部在前沿技术研发规划项目执行过程中，要求项目组提交一系列报告，包括了季度报告、年度报告、中期报告，此外还有技术报告、商业报告以及财务报告等，并组织专家进行审议，检查项目的执行情况。政府还用分期投资的方式，对科研项目进行分期拨款，控制项目执行的质量和速度，根据项目实施情况评估结果，决定该项目是否有继续投资的价值。由此可见，中期检查的结果会直接影响到后期科研经费预算的额度。在研发投入经费执行环节上，美国科技经费的执行交由各部门直接完成，美国总统及总统办公室会制定一些导向性科技政策进行引导，例如出台新时期政府科技研发投入优先资助领域，对不同部门科技经费进行数额上的调整，从而实际影响各部门科技经费的分配方向。

3.2 以德国为代表的联邦分权型管理模式

3.2.1 政府进行宏观控制和评价

德国科技投入管理模式为联邦分权型模式，政府进行宏观调控和管理，通过经费的调整来控制投资导向，采用指标体系来评价研究机构的科研工作效果，建立了一套完善的项目审批制度，项目评审和管理坚持“公开、公平、公正”的原则。德国联邦分权型管理模式的突出优点是，科技研发投入规划目标明确，项目审批程序规范、项目审批制度完备，政府部门适当放权，减少干预，注重项目跟踪管理。

根据政府制定的科技发展战略、经济发展规划以及社会发展需求，来确定德国的科技计划项目，因此，德国科技项目在安排上具有鲜明的针对性和明确的目标。一般要求列入科技预算的项目必须有助于增强经济竞争力，能保证创造未来的就业岗位，有实用意义，对生态环境有保护作用，能保持在国际上本领域的领先水平。

德国联邦政府制定和实施重点科技领域的科技计划，以此为抓手来实现对科技的引领、指导与宏观管理。德国科学基金会（DFG）鼓励科学家展开自由探索研究、进行特殊领域研究、制定和实施重大研究计划，加强青年人才培养和科研团队建设，从而，促进基础研究的发展并推进前沿科学研究，为德国在全球日益激烈的竞争环境中占取优势地位奠定基础。

德国科技联邦分权型管理模式强调地方政府、联邦政府和私营部门之间的合作，以促进科技创新和经济发展。地方政府在科技创新方面扮演着重要角色，他们与企业和学术界密切合作，共同开发研究计划和项目。联邦政府则提供资金和政策等支持，以确保科技创新能够得到全面推广和应用。这种模式下的管理结构具有分权特点，每个层级都有自己的职责和权力，但同时也需要各个层级之间的协调和合作，以实现整体目标。

3.2.2 不断升级国家高科技战略

德国联邦政府最早在2006 年出台了第一个科技发展战略——“高技术战略”，这是一项涉及全国范围跨部门和跨领域的科技战略，并以此为抓手，聚焦前沿尖端技术以及未来重点发展领域，旨在提升国家整体创新能力，确保德国在未来重要科技领域和市场竞争的领先地位[39]。之后，德国联邦政府在 2010年又对“高技术战略”的重点领域进行拓展，由原先的17个技术领域调整为面向气候/能源、健康/营养、交通、安全和通信5大需求领域的创新[40]。2014年，德国联邦政府再次调整“高技术战略”，使其更加注重技术创新与社会需求的结合，并将创新范围扩展到社会创新。“高技术战略”计划的主导方变成高科技论坛组织，取代科研联合小组，对“高技术战略”主旨进行了修订：“高技术战略”旨在应对全球挑战，使德国成为世界科技研发与创新的引领者。“高技术战略”的内容扩展到数字经济及社会发展等六大重点领域，其中包括我们熟知的“工业4.0”。此外，还包括了促进技术转移、增强知识产权保护、扶持中小企业研发等政策引导类科技计划以及针对重大需求、需要提出的系统解决方案等十大专项计划。

2018年9月5日，德国联邦政府出台了“高技术战略2025”，内容涵盖了以下几个方面：加大对高新技术的研究和开发投入，促进政府、企业、学术界和社会团体之间的积极有效合作，重点投资和发展具有高附加值和强竞争力的智力密集型产业，大力推进绿色环保技术的发展，培养和吸引高端技术人才，增进国际合作，加大促进科研和创新等，加强德国核心竞争力，确保德国未来可持续发展，确保国富民强。到2025年，实现科研支出占比国内生产总值3.5%的目标。

2022年10月25日，德国联邦教研部（BMBF）官网公布“研究与创新未来战略”草案，旨在强化德国的创新能力，保障德国在欧洲的技术权威地位，为联邦政府的研究及创新政策设定目标、里程碑及优先发展领域。联邦教研部指出，教育、研究与创新对德国的未来有着重要意义，也是经济、社会及技术发展的基础。联邦政府需要通过该草案来优化创新及技术转化的框架条件和结构，以保护生活、自然环境，确保德国国际竞争力，加强社会韧性，保障自身经济实力。该草案提出了十五项研究与创新量化指标、六个方面的具体举措以及六大未来研究及创新的关键领域[41]。

3.2.3 科技项目审批制度完善

德国联邦政府制定和出台了一整套完善的项目审批制度。这套制度涉及政府提出研究框架方案、项目单位组织申报、中介咨询机构提供服务并帮助筹划申报方案、评估机构审查评估方案、政府组织专家委员会研究审批等一系列环节。其中，大量的工作由中介组织负责完成，这些中介机构基本是非营利性的公益机构，他们本着对政府负责、对公众负责的态度展开工作。中介组织的内部按专业门类设立相应的委员会或部门，在对口专业领域拥有权威地位，掌握最新的对口领域研究动态，负责对对口领域的上报项目进行管理。联邦和州政府设立的科学委员会，由政府代表和总理指定的科学家组成，担任政府科技政策智囊团，提供专业咨询建议。联邦政府和州政府共同出资来资助研发机构，联邦政府内对科研机构的资金主要由教研部、经济和技术部、国防部提供，大学的研发主要由州政府资助。其中，教研部负责制定和贯彻研发政策。

德国还成立了许多现代化研究机构，其运营经费绝大部分由政府提供，但政府并不直接管理这些研究机构，也不插手其日常活动安排，例如，马普学会、弗朗霍夫协会、蓝名单研究所、联邦科技机构（联邦政府各部门直属事业单位）等。德国联邦政府约60 %的科技经费由联邦教研部掌管，联邦其他有关各部门负责本部门职责范围内的科研工作，并掌管着部分政府科研经费。科研经费投入规划以及重点领域、重点专业的科研规划由联邦教研部负责制定，保证科技项目的决策方、执行方和监督方三方相互独立。

德国企业、高校和非营利科研机构是德国科研与开发的三大支柱力量。从研发投入来看，德国研发投入中2/3的经费来自企业。例如，2012年，德国企业在研发方面投入的经费约为537.9亿欧元，高校约为139.8亿欧元，非营利科研机构约为113.4亿欧元。当年德国的研发投入占国内生产总值的2.98%，在欧洲国家中名列前茅。德国80%的大企业拥有独立研发机构，中小企业成立联合研发机构，实现资源共享，降低研发成本。企业研发机构主要从事产品技术研究、开发与服务。

德国高校既是基础研究和应用研究的中坚力量，也是国家后备科研人才队伍的培养基地，保障了科研可持续发展。高校与产业界联系紧密，高校有关应用研发课题都是企业委托项目。德国国家法律和州的法规鼓励大学教师与产业界联合进行研究开发，允许大学推广教授拥有的发明专利。

非营利科研机构是德国从事科技创新的专业力量，其代表性的非营利机构包括赫尔姆霍茨协会（HGF）、马普学会（MPG）、弗朗霍夫协会（FhG）和莱布尼茨学会（WGL）四大主要科研机构。四个科研机构结合自身在基础研究与应用研究领域的优势与特点，在德国的科技研发与创新体系中的定位非常明确[42]。

3.2.4 德国科技社团连接政企研

德国研发与创新体系由四个层次构成：政策决策与管理层、咨询与协调层、科学协会和研究执行层以及私营部门和工业协会层。政策决策与管理层由联邦与各州的议会及政府构成，主要负责制定、执行与教育、技术和创新相关的政策及实施细则，并负责建设有利于创新的外部环境。科技社团肩负了咨询与协调功能，例如，德国科学委员会、创新与增长咨询委员会、联邦州文教部长常设会议等，这些科技社团凭借自身的专业优势，负责为联邦和州政府提供与科学政策相关的建议，还需要向总理提供咨询和科技决策方面的建议，充当政府科技决策智囊团。科学与研究协会主要由研究基金会和马普学会等构成，这些协会一方面要从事科学研究，另一方面负责制定并执行相关的研究政策及资金分配。工业协会主要包括联邦工业协会、特定领域的工业协会和工商总会等，主要负责围绕特定研究课题开展一些辅助性活动，为其成员提供各种与研究和创新相关的服务[43]。

德国科技社团种类非常多，都属于中介机构，业务范围涉及面较广，包括对政府资助的科技项目进行立项评估，后期进行监督管理，为企业的创立和发展提供信息咨询和职业培训服务，促进知识和技术从供给方向需求方转移等。德国成立专门的研发资金规划管理机构，负责监督和管理公共基金支持的科研项目。这些机构均独立运营，工作人员隶属于相应的研究机构，人员工资和运行开支均从项目经费中提取，主要职责是为联邦政府各部门资助的项目提供前期准备，包括申请、实施、项目评估、技术成果转化等咨询和管理服务。例如，德国有三大技术转移服务机构：德国技术转移中心，属于全国性非营利公共组织，无偿向企业提供技术交易服务、咨询服务和专利及信息服务；史太白技术转移中心，隶属于民间机构——史太白基金会，完全采用市场化运作方式；弗朗霍夫学会，具有半官方、半企业背景，致力于应用研究领域的技术开发，为中小企业及政府部门提供合同式的科研服务[44]。

德国商会以及各类科技社团还为中小企业提供如下服务：充当企业和政府沟通的桥梁，搭建研发网络；帮助政府有效地解决中小企业研发融资中“信息不对称”问题；为中小企业提供高级管理人员培训、职业资格教育和专业技能培训等职业培训服务；为企业的创立和发展提供政策咨询和经济、金融、科技、管理、出口、专利申请和新产品市场规划等信息咨询服务。

3.3 以日本为代表的集中协调型管理模式

从世界工业发展史中可以看到，科技是现代社会发展的中枢神经。第二次世界大战后，日本之所以能够凭借系统的科技体系，迅速跻身世界发达经济体行列，是因为日本科技社团深度参与本国科技研发与创新活动，并发挥了重要作用[45]。

3.3.1 政府主导科技创新

日本政府倡导国家科技创新，并主导科技创新活动，企业位于科技研发体系的主体地位，日本高度重视官产学合作机制。日本在这方面的经验值得借鉴，我国在发展的过程中可以充分借鉴和学习日本模式，帮助我国科技创新快速提升、社会经济得到全面快速的发展，全面提升我国整体的科技水平。

日本公共科研体系主要由公共科研机构和国立、公立大学组成，公共科研机构包括国立、公立科研机构，独立行政法人和特殊行政法人科研机构。该体系中的很大一部分机构是专门从事研发的执行机构，如“理化学研究所”“日本原子能研究开发机构”等；另外还有一部分机构的工作职能中承担了管理国家财政科研经费的任务，如“科学技术振兴机构（JST）”“日本科学技术振兴会（JSPS）”等就属于这一类机构。地方所属公立科研机构的主要目标是振兴和发展地方产业技术，工作重点在于进行应用和开发研究工作。

日本现行采用的科技投入管理模式，是在政府行政体系下达成的集中协调型科技研发投入管理模式。日本成立综合科技创新会议，作为日本发展科学技术的最高领导机构，首相担任会长。该委员会下设事务局，管辖多个专门调查会。同时，政府组建成立文部科学省。改革之后，日本政府在其行政体系内进一步完善了集中协调机制科技投入管理模式。在科技研发投入规划方面，日本“综合科技创新会议”在各年度制定出下一年度的预算编制要求、经费分配原则与方案、追加预算的条件和具体要求等，对日本年度的科技投入规划进行宏观调控。根据上述方针政策，由各省厅自主编制本省厅的预算，统一报财务省和金融厅审定。文部科学省主要负责编制文部科学省系统的科技投入预算计划、面向各省厅下属的大学和研究所的科学技术振兴调整费等，并不直接管理各省厅的科技预算。文部科学省在日本政府全部的科技预算中占据绝大部分的比例，是日本科技相关预算的主要支配者。日本科技研发投入管理在日本政府行政体系内从两个层面达成集中协调：科技研发顶层设计的主要权力在内阁总理大臣及其下设的综合科学技术会议；文部科学省是科技行政主管部门，掌握日本政府的科技经费，拥有一定的科技经费活动调节费，从而对本国科技活动进行一定的调控。

日本政府每年从6月份就开始编制相关科技研发方面的预算，首先是在每年的6月份，综合科学技术会议会根据下一年度的科技相关预算，审议并发布“科技预算资源分配方针”，明确规定日本政府下一年度在科技研发领域的重点工作。据此，日本相关部门审核和确定科技相关预算申请，明确科技相关政策及措施中需要资助领域的优先顺序，对国家重大研发项目展开评估，提出下一年度的科技相关预算的编制，最终在12月份决定并公布日本政府下一年度的科技相关预算案。

3.3.2 科技社团深度参与研发投入规划

日本综合科学技术会议负责编制政府科技相关预算案，其编制的过程是开放性的，通过多方渠道了解和掌握具有独立法人资格的研究机构和国立大学的科技相关活动，并且召开听证会，广泛征求相关大臣的意见和外部专家学者的建议，以便更加有效地分配科技研发投入资金，进行资金相关预算编制。为了全面了解和掌握研究经费的分配情况和使用情况，尤其是了解竞争性研究资金的分配和使用情况，便于进行经费追踪调查分析，杜绝研究经费分配不合理、重复分配和经费过度集中等现象，实现资源的有效配置，综合科学技术会议创建了“政府研发数据库”，将有关竞争性研究资金和项目研究资金等相关信息输入数据库，包括项目负责人以及研究经费情况，实现数据化管理。

日本政府出台的另一项计划是制定了一系列科技合作政策，该计划重点强化各省及地方政府实施的相关政策之间的协作，从而避免研究内容重复、重复资助等问题，灵活有效地利用好研发投入资金，实现相关政策效益最大化。为了能够横向联合各府省实施的政策，综合科学技术会议确定了对国家和社会发展至关重要的八大课题，而且每个课题都设立协调部，专门协调和开展各项活动。八大重大课题由两大部分构成：第一部分涉及了奠定国家生存和科技基础、需要优先分配研发资源的四大领域，例如生命科学、信息通信、环境、纳米技术与材料；第二部分是国家发展必不可少的、应予以重视的四大领域，例如能源、制造技术、社会基础、前沿技术（航空航天和海洋）等。这为综合科学技术委员会今后审议和编制科技相关预算指明了方向。八大重点领域自此之后成为日本政府优先分配研发资源的重中之重。

日本综合科学技术委员会常常采取一些措施来优化研发资源配置。例如，综合科学技术委员会组织熟悉科技政策的、有责任感的大臣以及有远见卓识的人士，对各省厅提出的科技政策计划进行优先级分类，一般分为S（特别重要）、A（重要）、B（需改善和提高）、C（需修订）四个级别，对科技项目进行优先排序，从整体上调整科技研发投入的相关预算，并优化分配方案，优化资源配置。每年10月份，日本负责科技政策的官员和相关领域的专家学者会对申报的所有科技相关预算进行审查，对来自各省厅研发投入规划及申请等项目进行排序，同时向多方征求意见，例如，向独立行政单位负责人、国立大学负责人以及大学研究机构负责人就科技投入项目事宜征求意见。综合科学技术委员会强调指出，要坚决杜绝研究经费分配过程中的各种浪费以及各种不正当经费使用行为。综合科学技术委员会还启用了“府省共同研发管理系统（e-Rad）”，该网络系统有利于府省之间加强横向联系[49]。该系统以竞争性研究资金制度为中心，将与研发管理有关的全部信息（接收申请、审查、采纳、采纳课题管理、成果报告等）公布在网络上，接受公众监督，杜绝研究经费重复分配、经费过度集中的现象，实现研究经费的有效配置。

3.3.3 科技创新综合战略

日本推出“社会5.0”，旨在创建一个有韧性的“以人为本的社会”，将网络和现实空间融合起来，对于一些亟须解决的社会问题，想办法通过科技创新攻克，实现人与人之间新的连接关系。日本“社会5.0”操作化的具体路径可概括为：加速推进数字化转型，进行创新驱动型社会变革，增强科研实力，融合人文社会科学才智，实现持续且具有韧性的“社会5.0”。日本内阁会议通过《科学技术基本法》修正案，更名为《科学技术创新基本法》，将人文社会科学纳入科学技术范畴，属于要重点支持的领域，并引入“创新的创造”，推动社会进步和可持续发展。

（1）实行科技创新立法

日本制定了科技创新立法。实行科技创新立法，完善科技战略规划是日本“科技立国”战略的顶层设计。日本很早就制定了《科学技术基本法》，认为科技振兴应该列入法律，以法律的形式推动科技振兴的实现。日本《科学技术基本法》规定，日本政府应当每五年制定一次推动科学技术发展的基本规划。《科学技术基本法》的核心内容可以归纳为四个要点：第一，发挥研究人员的创造性，实现科学技术与社会及自然的协调；第二，规定了国家和地方公共团体在科技振兴中的责任；第三，政府必须制定科学技术基本规划；第四，国家必须制定与实施相关科技振兴政策。此外，日本还制定了前瞻性的战略，并大力发展灵活多样的能力，在国际化的、开放的创新体系中展开竞争与协调，构建最大限度发挥各创新主体能力的体制框架。

（2）变革科技管理体制

为了有效推进《科学技术基本法》和科学技术基本计划的落地和执行，日本政府借政府机构改革之机，对科技管理体制进行了重组，实施内阁改革，内阁办公室的法律地位高于各政府部门，成立了专门的研究机构负责科技管理体制改革，即负责科学技术的综合科学技术委员会，任命了科学技术政策负责人，成为日本“科技立国”战略的体制保障。与此同时，行政体制改革同时进行，朝着有利于推动科技创新的方向发展，原本各负其责的文部省和科学技术厅被合并为文部科学省，这对打破原有机构隔阂、推进各部门科技合作、促进产学研联合起到了巨大的推动作用。

（3）产官学既分工又协作

日本对国立科研机构、高校和科研机构进行大力改革，赋予其更多的自主权。国立科研机构是日本“科技立国”战略的重要执行者，日本大力改革国立科研机构，将它们转变为独立的行政法人，最大程度地减少了行政权力对国立科研机构的干预，提升其科研的自主权，从而提高科研效率，促进科研成果的转化。例如，“日本原子能研究所”与“日本核循环发展研究所”合并，成立了“日本原子能研究开发机构（JAEA）”；“海洋科学技术中心”被改组为“日本海洋研究开发机构（JAMSTEC）”，将特殊法人理化学研究所转变为独立行政法人理化学研究所（RIKEN）等。

大学是日本科学技术基础研究的主体。日本为了加强高校科研实力，对大学及高校科研机构实行大部制和研究人员任期制，加强共用科研机构的建设；并对国立大学进行了独立行政法人化改革，改变了国立大学的计划、预算、经营、人事均由政府机构管理的情况，也赋予了日本大学更多的自主权，使其在基础研究领域能够更为灵活、多样。

在科技研发方面，日本企业的科技研发占有主导地位，国立科研机构和大学起辅助性、支持性作用。日本企业的研发实力雄厚，不仅在生产领域直接对接技术前沿，而且在拥有的研究机构、研究人员数量、研发经费等方面占据优势地位；而角色分明的定位不仅没有阻碍三者之间的配合，而且促进了日本“科技立国”战略的有效实施，因为日本政府对于三者关系的协调起了重要作用。

如今，日本产学官合作型科技社团数量众多，已经超过了500家，这些科技社团在促进科技研发与创新活动中十分活跃。例如，定期召开技术交流会，举办各种科技类论坛和展览，开展跨行业、跨领域的高水平科技交流，邀请产业界、科研界以及政府管理部门的人员进行跨界学术讲座，以促进先进的知识和前沿技术在本行业快速传播。这类科技社团还为科技研发机构与企业牵线搭桥，促进各方进行项目研发合作，加速技术成果向企业转移，推进技术成果市场化的进程[46]。

3.4 以韩国为代表的高度集中型管理模式

3.4.1 政府主导研发投入

韩国的发展模式也很典型，是一种以政府主导推动创新驱动为主的模式。政府主要通过以下手段，推进和完善国家研发与创新体系：首先是对战略的宏观调控与协调，其次是制定一系列税收优惠支持性政策，提供研发投入资金方面的支持，最后进行科研成果的推广。韩国政府始终将科技研发与创新作为增长的着力点，营造有利于进行创造的经济发展环境，让研发与创新成为国家经济增长的新引擎。从韩国来看，韩国科技研发投入管理模式的基本特征，是以总统为主导的高度集中型科技投入管理模式。总统以及主管国家科技的理事会一起对韩国科技投入管理进行集中协调。韩国国家科学技术理事会秘书处设在科技部，科技部理所当然承担一些具体事务的协调工作。尽管韩国科技部没有预算权，韩国国家科技理事会拥有对研发项目和预算进行协调的最终决策权，但秘书处设在科技部，因此，韩国科技部在研发项目最终决策方面有一定的影响力。

随着韩国科技政策制定机制的调整，韩国的科技投入管理模式发生了一些变化，最大的变化是加强了顶层设计和宏观调控力度。韩国总统担任国家科学技术理事会主席，理事会的成员主要是来自与科技有关的各部部长以及科技团体的代表。理事会负责确定科技研发投入项目的优先权以及资金分配，协调科技政策与研发项目之间的关系。韩国政府在科技经费规划的编制和决策方面非常严谨，需要严格遵循相关的规划程序，在整个科技预算申请和科技预算编制的过程中，国家科学技术理事会都充当着重要角色。

韩国计划与预算部不负责政府研究开发投入规划的编制及决策工作，该工作由国家科学技术委员会直接管理。国家科学技术委员会责任重大，是负责科技统筹协调的一个部门。国家科学技术委员会还负责确定和下达各部门的研发总额规模以及经费支出限额的分配预案，各部门根据下达的研发总规模及经费支出草案提交研发投入申请，由国家科学技术委员会负责进行评审和调整，调整后的结果再提交给计划与预算部，由计划与预算部进行审查，并与各部门负责人进行协商，形成预算草案，提交总统，最后报国会审议批准，形成最终年度投入规划。在此过程中，国家科学技术委员会是最重要的协调者，既负责向计划与预算部通报上一年度国家研发计划执行情况的调查结果及反馈意见，也拥有对科技研发项目投入规划进行协调的权力[47]。

韩国计划与预算部还定期在国家科学技术理事会确定研发项目的预算之前对所有项目的预算提案进行审查。所有研发项目和预算的最终协调权力由国家科学技术理事会掌管。韩国科技部的职责类似于国家科学技术理事会秘书处，科技部主要协调国家各项科技活动，韩国专门出台了科学与技术框架法，旨在加强科技部在各部委之间进行科技政策和研发活动的协调授权。

韩国科技管理体制的总体特点归纳如下[47]。

（1）集中型的科技管理体制模式

韩国科技管理采用高度集中模式，从科技事业的规划制定、科技项目执行到科技成果评估等都由政府部门统一管理。尽管韩国政府先后多次改革重组科技管理机构，但改革一直围绕韩国政府在科技领域的主导地位展开，始终由韩国政府掌握科技管理大权，其余的多个部门和机构包括国家科学技术委员会等，都是为政府主导的科技管理提供服务与支持。科技投入采用高度集中的管理模式，有效保证了科技政策和科技活动按照国家制定的战略顺利开展和运行。这一点跟我国的科技投入管理模式很相似。1949年后，我国的政治体制和经济体制学习苏联模式，科技工作采用高度集中型管理体制，这一模式与计划经济的需求相匹配。其主要特点是：第一，采用高度集中的形式进行科技管理；第二，科技计划一旦制定出来便具有很强的约束性；第三，国家预算拨款是科技经费的主要来源；第四，科技管理主要按照行政隶属关系进行。

（2）用法律保护科技活动

韩国政府采用立法形式，用明确的法律条文，为科技管理机构的建设、科技管理政策制定、科技管理具体过程提供明确保障。首先通过立法明确科技管理机构的义务和责任。其次是通过立法为各种科技管理机构的组建与成立提供依据。第三是制定法律条款指导和支持全国科技活动。

（3）总统智囊团

国家科学技术咨询会议专门为总统提供决策咨询服务，相当于总统的智库，是一个纯粹的科技咨询决策服务机构，仅为总统提供科技领域的咨询和科技政策的评价，不参与科技管理。国家科学技术咨询会议由委员长和10名咨询委员组成，委员长一般由总统任命，在科学技术领域作出重大贡献的、有丰富学识和经验的人才有资格担任该职务。国家科学技术咨询会议每季度向总统做五次报告，可以是书面汇报，也可以是当面口头报告。

（4）经费管理模式由投入管理型向成果管理型转变

韩国采用立法和对已有的法律法规进行修订等方法，对国家重大研发项目进行事前可行性评估，推行根据研发成果特点进行评估等制度。政府在颁布的《科学技术基本法实施令》中明确规定，国家重大科研项目必须事前进行可行性评估；政府在颁布的《国家研究开发实业成果评价与管理法》中明确规定，国家重大科研项目成果必须进行研发成果针对性评估。通过科技管理项目评估，将科技投入经费向优秀项目倾斜，有效配置了巨额的科研经费，大大提高了研发经费的投入效率。

3.4.2 研发投入高度集中

从研发与创新视角来看，韩国能够成功实现由“主导追赶型经济”向“服务创新型经济”的职能转变，得益于其高度集中的研发投入规划管理体制。韩国的科技发展经历了技术引进与吸收、技术创新以及自主创新几个阶段。在技术引进与吸收阶段，韩国以先引进技术再吸收技术的方式作为科技发展的主要动力，大量资金花在技术引进吸收上，研发投入总量少、强度低。例如，1967年，韩国研发投入仅为1800万美元，占GDP的0.38%。在技术创新阶段，韩国加大技术创新力度，大力增强经济竞争力，技术创新的着力点是大力发展资金密集型和技术密集型产业。例如，韩国大幅增加研发投入，1991年的研发投入达到95.9亿美元，较之前有了大幅度的提升。到了自主创新阶段，韩国大力发展科技自主创新，增加自主创新投入，例如2001年韩国研发投入增加到124.8亿美元，世界排名第八。2001年研发投入占GDP的比例达到2.96%，在人口超过2000万的国家中排名第二。1991～2001十年间，韩国研发投入年均增长率达到10.7%。

2001 ～ 2011十年间，韩国国内研发投入年均增长率达到10.5%，相比前十年下降了0.2个百分点，增速有所放缓。之后5年，韩国研发投入年均增长率明显下降，在5%左右。2015年，韩国研发投入总量为737.2亿美元。综上，韩国在发展本国技术密集型产业和科技自主创新阶段，对于研发资金的投入始终保持较高的增长率（超过10%）。韩国研发投入强度在1994年就超过2%，之后始终保持着稳定的增长，2015年，其研发投入强度高达4.23%，位居世界首位。

韩国用弯道超车模式实现了工业现代化，展示了一个后发优势国家的赶超路径。韩国首先选择一个基础薄弱的产业经济体，从中培育出一些创新型龙头企业，由龙头企业带动和加强整个产业的基础技术积累和生产配套，加快研发速度、快速达到世界平均技术水平。此外，韩国对中小企业研发与创新的支持力度很大，对中小企业的配套生产与技术开发能力给予大力支持，还鼓励中小企业进行颠覆性创新研发，并与大企业进行渐进性创新互动，推动整个产业研发与技术创新能力的提升；进一步形成良性产业研发生态环境，以创新驱动产业发展，确保达到世界领先技术水平。

如今，韩国政府制定的科技目标由“工业立国”转变为“科技立国”。韩国科学技术信息通信部近期还提出了雄心勃勃的科技发展计划：经过数年的努力，到2030年，韩国要成为全球科学技术五大强国之一。韩国政府计划制定《国家战略技术特别法》，帮助政府、研发机构、高新企业等构建战略技术管理体系，力促有关部门和单位着手制订科技发展目标及具体的路线规划，实现跨越式的增长。

3.4.3 科技社团充当科技智囊团

韩国的科技社团通过多种方式参与政府科技决策。韩国科技社团参与政府组织的科技咨询委员会或专家委员会，向政府提供意见和建议；参与政府主办的科技论坛或研讨会，分享经验和见解，与政府官员交流；向政府部门提交建议书或报告，关注行业发展趋势，提出政策建议和改进建议；与政府开展合作项目，共同推动科技创新和应用，促进产学研合作。

例如，韩国科学技术团体总联合会（Korean Federation of Science and Technology Societies）是韩国科技社团的典型代表，成立于1966年，是一个非营利性的公共机构。韩国科学技术团体总联合会以提高韩国科技的创造力和自主性，响应社会需求，并通过科技外交实现全球本土化为使命，旨在倡导科学技术组织的建立和发展，促进社会对科学家和工程师的认可；通过对科技政策的研究、规划、分析和咨询，促进公众对科技的理解。

韩国科学技术团体总联合会主要围绕科技政策分析与建议、支持学术活动、促进区域科技发展等方面开展活动。联合会关注科技界面临的未决问题，并通过举办科技创新政策论坛、研讨会和公众听证会，就重大科技问题和中长期挑战提出政策建议。此外，联合会还就直接影响公众生活的科技和社会问题开展公众调查和听证会。联合会支持科技院所开展学术活动，包括资助学术期刊出版、召开学术会议等。同时，联合会还建立了全球科技期刊平台，增加韩国国内科技期刊的引用，提高使用的便利性，为科学研究营造自主创新的环境。联合会还加强对区域科技发展的推动，通过推出在线周刊、帮助其成员的项目进行战略推广、举办区域性政策论坛和创新辩论、与区域科技创新组织联合开展项目、进行科学普及活动等方式，推动区域科技进步。

第4章 国外科技社团对研发投入的促进作用

不同国家实现科技强国的路径不同，但核心理念都是将发展科学技术、重视科技运用、重视科技人才作为增强国家竞争力的关键。因而，世界各国科技研发投入管理模式表现形式各异，但它们的核心特征是在力求既强调要从顶层来设计本国的科技活动并加强对科技活动的宏观调控，又要构建出一套框架能够充分调动各有关科技研发主体的积极性，这两者之间要达成一种动态平衡[48]。

由科技工作者自愿组成的科技社团，基于其专业性强、无部门利益等天然的专业优势和组织优势，在科技研发投入管理体制中的作用和影响力较强，在一个国家的科技进步中扮演着重要角色。本章研究了国外科技社团在科技研发经费投入管理中发挥作用的机制、方式、途径等主要经验，以期为进一步完善我国科技研发投入管理模式提供借鉴。

4.1 国外科技社团发挥作用的历史演进过程

4.1.1 科技社团是社会进步的必然产物

国外科技社团的产生是社会进步的产物，科技社团的不断壮大是科技社团在科技研发投入管理体制中发挥影响力的重要前提，科技社团也在不断吸取经验教训基础上逐步走向成熟。从历史角度看，科技社团最早起源于1660年英国“皇家学会”，这是世界上第一个具有规范性的成熟的科技社团。英国的科技社团主要是科学家进行交流、做学术报告、进行演示实验的组织，并且举办学术杂志，公开发表科学家的科学研究成果，这些活动成为传播科学知识最重要的方式，科技社团举办的大量活动将科学活动变成了当时英国社会一种很时尚的文化活动。

伴随着科学技术和经济的发展，科技社团在英国得到迅速发展，综合性学术社团开始向细分领域发展，逐步发展成为独立的专业学会。例如，1818年英国“土木工程师学会”成立，专门支持和促进土木工程技术和科学活动。之后，其他专业类科技社团不断出现。1831年，英国科学促进会成立，把科技社团职能从“学术交流”拓展到了“科技普及”。科技社团职能的第二次拓展是开展“科技中介服务”；1936年，英国“维康信托基金”成立，主要职能是资助科技工作者在生物医学领域的临床和基础科学研究；1961年“英国心脏基金会”成立，其主要职能是资助对心血管疾病产生的机制、预防、诊断和防治等方面的研究，资助这方面的研究生教育等；1976年“英国皇家工程院”成立，其主要职能是鼓励和组织科技人员在工程领域的创优和创新；1987年“科技开发中心”成立，其主要职能是帮助会员寻找和实现科学技术转化为生产力的技术创新机会；等等。

4.1.2 科技社团职能在不断拓展

科技社团在科技研发投入管理体制中发挥作用的职能，源于科技社团职能的第三次拓展，这次拓展主要是增加“国家科技政策咨询”的职能。例如，英国皇家学会将科学技术放在一个很高的位置上，认为其对英国经济繁荣和社会发展将发挥至关重要的作用，皇家学会要发挥自身的作用，通过皇家学会自身的权威身份，让政府和公众真正认识到科学技术对社会进步的重要价值。因此，英国皇家学会长期致力于科学活动，利用自身在科技人才方面的优势，充分发挥学会中1000多名院士的聪明才智，以提供专业科技政策咨询作为切入点，特别是针对争论性很强的科技方面的问题和争论，英国皇家学会发表独到的见解和提供相关的政策性建议，并以此为基石促进自身的发展。

英国皇家学会与政府、社会公众频繁互动、紧密联系，为政府、为社会提供独特的、具有权威性的科技政策咨询，成就卓越。在众多科技政策咨询项目中，科技投入管理体制方面的内容也包括其中。例如，英国皇家学会曾经先后五次发表声明，针对生物技术、转基因作物和食品中有关立法、环境、政府预算、政策咨询等方面问题，完整地表达了皇家学会在这些问题上的立场和观点，这些观点得到政府部门的重视，政府在制定政策时采纳了其具体建议，收到了很好的社会反响。由此可见，英国科技社团进行的科学普及和政策咨询活动，大力促进了科学传播，推动了科学家和企业之间的交流，有助于英国科技生产力的大幅提升。

4.1.3 科技社团是科技强国的重要保障

美国科技强国的历程离不开科技社团的重大作用。第二次世界大战后，美国占据科技领域的领袖地位，不仅在基础科学方面取得全球领先地位，还创造和推广了一系列高新技术，对美国和世界的发展带来了深远影响。同时，美国的大学一直是全球科教中心，吸引着许多国际学生前来深造。从美国成为科技强国的历程中，可以发现科技社团扮演着重要角色，尤其是在推进科学国际化过程中作用显著，增进了美国在国际科技界的话语权。

在美国，科技社团成为政府科学决策的重要参谋。美国科学促进会（AAAS）成立于1848年。到19世纪末，美国就拥有了400多个学会。美国从政府层面设立了科技政策咨询机构，科技社团与公共或政府事务委员会合作，积极参与科技政策制定。美国科学促进会（AAAS）在制定科技政策过程中，积极召集政府官员和科技界进行对话讨论，让政府直接了解科技界的意见，利用这些信息作出决策。此外，科技社团还出版研究报告、进行政策倡导，对相关科技政策实施产生影响；提供全国性科技教育培训，并承担大量的专业技术资格认证工作。科技社团还负责制定行业标准，这是科技社团的一项重要工作。例如，IEEE现有42个专业学会或委员会，负责主持美国标准化制定工作。另外，还设有标准协会和相应委员会具体负责标准的制定。美国很多企业都积极参与科技社团、成为社团的会员，因此，科技社团所制定的行业标准容易获得更多认可。

从德国的情况看，科技社团历史悠久。德国社会法制很健全，在科技社团组建方面拥有完备的结社法，整个社会环境也有利于科技社团发展。

尤其是第二次世界大战后，德国科技社团发展迅猛，公信度不断提高，凝聚力持续增强。随着科技进步与经济的发展，德国政府实行“小政府、大社会”的公共管理体制，外部环境非常有利于科技社团的生存与发展，科技社团呈现持续快速增长的态势。社团运作秉承“公正、公平、公开”的原则，在各行各业有很高的公信度，社会形象好，权威性高。近年来，随着经济形势不断变化和科技的发展，特别是经济全球化的深远影响，德国政府对科技社团寄予厚望。科技社团也在积极演变，除了保持传统的工作领域，采用传统的工作手段、渠道和方法外，还积极转换工作视角和拓展工作领域，采用新的工作手段和方法，不断增加新的工作领域，其在科技投入管理体制中的作用尤其突出。德国科技社团咨询服务体系完善，能提供含金量高、附加值高的知识和信息服务，社团所提供的服务更加贴近政府的需求。德国政府大力支持科技社团发展，把科技项目预算的评审、评估、评价权力和职能移交给科技社团。这类科学技术联合会或协会与政府联系较为密切，其重要任务之一就是根据政府规定审核科技项目预算，代表科技领域向政府反映意见，向政府报告科技发展情况。

同样，科技社团在日本的科技强国之路中功不可没。第二次世界大战后，日本能够在较短的时间内从战争的破坏中迅速恢复过来，跻身世界经济前沿和科技强国之列，除了日本大力增加研发投入力度和进行大规模的技术引进与创新外，还充分利用科技社团在产学研中的纽带和桥梁作用。在日本，科技社团通常是独立的公益法人。日本科技社团有独立的审批程序和财政来源，所讨论问题内容上相互独立，这些学术团体不依附于特定的组织和企业，也不依附于特定的立场，全心全意为会员服务，完全从会员的需要和学术的立场出发。这些学术团体在科研活动的评估中扮演着非常重要的角色，因此极大地影响着科学的发展。一些科技社团还组织共性技术研究，例如日本流体动力系统学会下设的研究委员会。另外，日本钢铁学会和日本建筑学会对与本领域相关的专题提供研究资助，用于解决特定问题。

日本的特色之一是“产学官”合作体制，该体制包括科技成果转化制度、工程反求等创新方法以及知识的创造者和使用者之间的有机结合。这种体制让各方之间保持良好的沟通，促进知识在不同参与方之间的流动，鼓励技术的运用，为日本不断创新与发展提供了源源不断的生机。日本工学会的会员来自工学各领域学会、企业和公共研究机构，政府、学校和产业三股力量在共同推动日本工学会的发展。例如，1915年，为了促进企业界、学术界和政府部门之间钢铁科技的交流，为发展钢铁工业作出贡献，日本成立了钢铁学会，并成为产学研网络的重要节点，连接产官学研，为相互间的研发合作奠定良好基础。日本钢铁学会的宗旨与任务是“五结合”：学术与技术相结合；钢铁企业之间相互结合；企业界、政府、学术界相互结合；钢铁与其他领域相结合；国内与海外相结合。钢铁学会下辖的生产技术工作委员会还预测钢铁工业发展中的方向性问题，发布该领域的重大研究问题，积极开展有关领域的学术交流，组织各种讨论会，开展专题研究并发表论文，促进研究课题实现横向联合，一般会拨给一定经费，研究期限是2～4年[49]。

4.2 国外科技社团在科技研发投入管理体制中的地位

从总体上说，国外科技社团是科技投入管理体制中重要的组成部分。

4.2.1 科技社团是科技研发投入管理不可或缺的部分

科技社团参与到科技投入管理体系中，成为科技投入管理体系中不可或缺的组成部分。例如，日本政府长期以来高度重视科技社团，并充分发挥科技类社团组织在推动科技研发与技术创新中的作用，因此很多科技社团的成立、发展与转型都与技术创新和产业发展密切相关。日本综合科学技术会议每年组织科技社团的专家审查所有的科技投入规划项目，对各省厅提出的研发投入申请项目按照优先级进行排序。日本采用问题导向法，将一系列社会课题作为突破口，构建日本“社会5.0”，具有战略性与前瞻性、开放性与包容性的特征。日本还加强在基础研究和关键核心技术领域的统筹布局。日本政府部署并支持登月型研发计划、战略性创新创造计划（SIP）、官民研发投资扩大计划（PRISM）、光量子飞跃旗舰计划（Q-LEAP）、革命性材料开发强化计划（M3）等一系列计划，均瞄准前瞻性、引发未来世界巨大变革的项目。美国科学促进会（AAAS）每年组织70% ～ 80%的美国科技社团的会员科学家到华盛顿与政府官员一起探讨科技政策问题。

4.2.2 科技社团的实力奠定其权威性地位

在科技投入的管理中，科技社团保证了足够的权威性，这种权威来自科技社团自身能力的建设。例如，德国物理学会是一个比较有代表性的例子。德国物理学会历史悠久、学术严谨、有着优良的学术传统，其前身是柏林物理学会，成立于1845年，柏林物理学会的学者来自柏林地区，他们共同组成了这个区域性学术团体。学会聚集了一批优秀的物理学者，为推动德国物理学研究与发展做出了卓越贡献，其社会地位得到社会各界的认可，影响力非常大。1898年，改名为德国物理学会，成为一个全国性的学术组织团体。第二次世界大战结束后，德国分成东德和西德，各有一个物理学会，后来东德西德合并后，于1990年原分属两国的物理学会又重新合并组建成为今天的德国物理学会。作为一个传统的理科学会，德国物理学会是学术交流传统领域的领袖机构，学会有很多高级别的物理学者。学会充分运用物理学术领域的优势地位，以传统的物理学术交流领域为阵地，积极与政府合作，为政府制定科技预算提供建议，积极参与科技项目的评价评审，提出科技发展方面的观点和看法，得到了德国政府与欧盟的认识与认可，逐步发展成为向政府科技预算制定提供高质量服务的综合科技社团。此外，德意志研究联合会（DFG）是一个独立的全国性科技社团，为德国科技领域的研究项目提供经费支持，并促进科学家之间的合作。DFG的主要职能包括担任议会和行政机构的科技顾问，并提供科研政策方面的咨询，在德国科技预算管理体系中发挥了重要作用。

4.3 国外科技社团在研发投入管理体制中发挥的主要作用

4.3.1 规划科技研发投入方向及优先次序咨询

国外科技社团在科技投入管理中主要承担科技未来发展方向的咨询建议、科技项目的整体评价和优先次序的决定、提供科技投入规划合理性的建议、科技经费使用的过程管理方面的咨询建议、科技投入成果评估和评价等。

从美国情况看，美国总统和国会在科技投入支出决策中具有主导地位，国会立法权和预算审批权都是由美国宪法赋予的。美国宪法规定，所有科学技术方面的政府预算、机构设置与撤销、制定重要的规章制度，只有国会审查批准才合法有效。国会设有参议院与众议院，下面又分设若干委员会，分别负责审查相关领域的各项提案，在审查过程中，科技社团发挥了极其重要的作用。美国总统将其与国家科学技术委员会制定的总体预算提交国会后，由国会相关的委员会负责组织听证会，邀请科技社团提出相应评审意见。委员会有议案的批准权、修订权甚至否决权。国会下辖的委员会批准后，该议案还需提交参议院和众议院大会进行公开辩论，经两院同意通过后，由总统签署，形成《年度科技计划拨款授权法》，遂即正式生效，各个层次的科技管理部门据此制定各自的科技投入规划。

4.3.2 审核科技研发投入分配程序

在美国国家科技投入分配程序上，科技社团发挥了重要作用。美国目前没有一个标准的程序来分配联邦科研资金，一般由政策制定者和研发组织者共同管理和控制联邦科研资金的配置。在具体实践中，有关在各个国家目标之间、在各个联邦政府部门之间分配科研资金的决定，通常是由选出来的科技社团提供咨询建议。在部门与机构的项目层面上，对于资金在各个项目之间的分配以及项目执行者的确定，则是先由科技社团通过竞争优势评估以及其他评价科学技术优势的方法给出建议，然后再由政府部门给出决定性意见。科技社团的意见，尤其是科技社团中各专业领域的科学家和工程师所提出的意见，时常会影响相关研发提案的资金预算分配。科技社团是第三方机构，却在为政府决策部门提供科技咨询方面起着重要的作用。因此，像美国科学促进会、国家生物伦理顾问委员会等科技社团，构成了美国科技研发投入决策机制中不可或缺的一部分。

美国确定联邦资金资助的研发项目以及项目的执行过程，同样离不开科技社团的作用。竞争优势评估与项目间的资金分配都需要科技社团的参与。美国研发系统进步的一大标志就是，各科技研发机构制定了详尽的科技发展规划。为了初步设计科技规划，政府部门设置了一系列科技发展目标和确定科技发展方向，科技社团根据政府颁布的科技发展规划和目标，确定研发项目、评估各项目资助的优先次序并评估项目成果。在进行项目评价时，科技社团遵循的一个重要标准是，该项目是否属于政府战略目标优先资助项目。第二次世界大战后，科技社团和政府在科技领域有很多“默契”，科学社团在科技发展规划方面有了更多的话语权。各个承担科技任务的科研机构倾向于听取科技社团的判断，并对研发项目的结果进行评估。政府部门负责提出一系列的战略目标，并提供达成目标的相关资源。

4.3.3 筛选、评议科研项目

从传统来看，美国国家科学基金会和国立卫生研究院等机构在给大学拨款支持其基础科学与工程的研究时，早已开始使用科技社团评议来评判所提交上来的一些具备竞争力的项目议案。科技社团评议工作，主要是由各科技社团中著名科学家或工程师来负责，他们在本研究领域颇有造诣、贡献巨大、认识深刻，能够对研究人员的能力，提议项目的科学性、前沿性，研究方案的可行性以及成功的可能性做出准确判断。

美国国家科学基金会还邀请科技社团的专家为国家科技发展献计献策，例如，向国家科学基金会提议那些应该被提上日程的研究课题，对国家发展有重大影响的课题，针对科技人才培养及科学基础设施建设提出建议。除了美国国家科学基金会外，其他政府部门和机构也启用科技社团进行科技研发投入项目的评审，包括能源部、国家航空和宇航局、美国农业部和国防部，等等。不同部门和机构在使用科技社团评审时的主要区别在于，项目负责人在多大程度上必须遵循科技社团评审的建议才能获得预算拨款。此外，越来越多的机构，像美国环保部、农业部、能源部等，也请科技社团参与科研项目的评议，以增加科技投入的合理性、客观性和公正性。由此可见，美国从分配科研资金到国家科技计划各个层面中，科技社团的评审与判断是科技投入决策的主要依据之一。当然，科技社团的判断会受到社团成员的专业知识、经验以及对研发过程的理解等因素的影响，判断的主观性较强，科技社团的专家们在预测研发项目的结果时也存在一些不确定性。因此，科技社团的评审评价还和一些诸如经济和财务模型等客观的实证工具互补采用。

4.3.4 连接作用

科技社团连接政府战略规划、科技工作者、企业，让科技界及时了解政府新财政预算的投向和重点，了解国会议员的观点和意见，形成高效的研发网络。美国科学促进会每年都会针对政府科研经费预算向科学家发布专门的分析报告。科研预算分析报告会详细分析在新财政年度各学科分配的科研资金的变化，并且根据国会讨论，分析政府科技经费投向的变化缘由，让科学家对当年可支配的科研经费心中有数，做好申请来年科研经费的准备[50]。

4.4 国外科技社团对研发投入管理的促进作用及启示

政治体制和科技发展战略对政府科技投入管理模式的形成和演进都具有决定性影响，政府科技研发投入管理体制不但划分了各级政府间的财力，同时规定了科技研发资金使用的范围、方向和权限，国外科技社团在本国科技研发投入管理体制中的多个环节都发挥了重要的作用，也积累了丰富的经验。

4.4.1 科技社团让科技研发投入的作用充分发挥出来

各国政府科技投入管理是政府科技投入规划管理体制的重要组成部分，受到多重因素的影响。既受到本国地区政治体制、财政体系、经济制度的约束，同时还深受本国地区一定时期国家经济发展水平和科技发展战略的影响。

美国科技投入管理模式的形成，既受美国的政治体制、经济制度以及国家及科技发展水平影响，也受美国国家战略影响。美国从建国以来一直采用多元化的自由市场经济制度，由市场主导经济活动、推动经济发展。相比其他体制，美国的市场机制在推动经济发展方面卓有成效[51]。大部分经济决策都是由市场作出的，当人们追求自己的私利时，市场的“看不见的手”会导致最佳的经济成果。尽管市场并不完美，但它有效地解决了生产什么、如何生产和为谁生产的问题。市场机制约束下，逐渐形成了美国独特的经济投入方式。科技密集型企业，如波音和苹果，紧密围绕社会个别经济行为来进行运营，市场机制约束了企业的非理性冲动。在涉及国家安全的领域，企业与政府高度配合，例如，可能威胁国家利益的技术出口受到国家利益约束，美国式科技投入机制约束了企业的盈利冲动以保证国家安全。因此，武器类产品的生产也是由企业竞争决定的，而非由国家生产。

美国在分级预算体制下，国会只审批中央即联邦政府预算，地方预算由本级立法机关审批。在具体操作上，尽管美国联邦政府各执行部门都参与科技投入规划工作，但总统及其行政系统的管理和预算局、白宫科技政策办公室以及国家科学技术委员会发挥主导和协调作用。其他政府部门需要将所有科技投入规划报送给行政管理和预算局，该局负责进行汇总并排列资助顺序，之后交科技政策办公室进行初步审查。美国法律规定，国会和总统有权对科技投入规划项目进行变更，而且，总统对有关科技投入项目的提议都会执行，体现了总统的主导权。政府其他部门按照审定后的科技预算方案执行，可以自主分配预算内的经费，但部门支出方向实际上受到总统的影响。总统必须以科技社团的咨询和评价为基础，才能制定符合科技发展方向和支持科技持续研发的方案。考察一下美国科技投入支出方向，可以清晰地发现，美国科技投入支出模式是第二次世界大战以后美国国家发展战略的需要和结果。

日本是单一制国家，单一制下的财政管理体制的核心是要求全国财政“一盘棋”。改革前，日本政府最高科技审议机构权限有限，在科技投入管理方面，难以在科技投入调整和预算资金使用上大动干戈。1959 年设立的“科学技术委员会”在很长一段时期内，是日本政府的最高科技审议机构。2001 年日本政府实行内阁改革，提高了新设立的内阁办公室的法律地位，要高于各政府部门。内阁办公室特设的担当大臣中有一名为科学技术政策首要大臣。内阁还设立了几个“智囊团”机构，负责科学技术政策的机构是“综合科技创新会议”，在法律上受内阁总理大臣领导，但实际上由科学技术政策首要大臣具体负责。尤其重要的是，“综合科技创新会议”与其他“智囊团”机构合作，例如与内阁办公室的“经济财政咨询委员会”合作，在国家科技研发投入规划、编制和实施过程中发挥重要影响。“经济财政咨询委员会”将“科技创新立国”的思想作为基本方针，以保证科学技术预算的地位，科学技术被列为国家财政需要重点资助的领域之一。对于申报国家经费超过20亿日元的科研项目，日本政府请日本“综合科技创新会议”主持评议，给申请项目排出先后顺序，作为安排国家科技相关预算的重要依据。由此，“综合科技创新会议”从科技预算编制、预算分配和执行监督多方面提高了对日本科技投入中科技社团的参与度，以便集中协调和宏观调控。日本的政治体制改革，在法律上由内阁总理大臣首相领导，实际上是由科学技术政策首要大臣以及其具体负责的“综合科技创新会议”具体操作，对日本科技投入规划和国家宏观科技布局发挥了巨大的作用。

德国科技社团非常中立、公益、高效，能有效地连接政府、大学、科研院所和企业等主体，整合社会、资本和市场的力量，与时俱进，成为德国科技创新的重要助推器和重要力量。德国在19世纪后半叶崛起为世界的科学中心，除了其不间断地进行制度创新并创建了独特的大学教育制度和科研院所制度外，科技社团在其中发挥了巨大作用。德国的科技社团源自早期的德国大学私人学会制度，不仅促成了独特的德国大学模式，还逐步演化为专门的学术研究平台，构成了德国独特的研发网络体系。科技社团构建的研发网络，将德国各类研发机构很好地连接在一起，并形成了灵活的研发合作机制。例如，德西玛-化学工程与生物技术协会，致力于“组成科学界与工程界的联盟，让它们形成网络，组成平台。”该协会组织各种学术活动，促进跨学科的联合与合作。该协会下辖化学工程、电化学、生物工程、高温材料等高精尖领域研究所。弗朗霍夫协会整合全国的科研力量，将许多大学联系在一起，打造了德国科研界强有力的研发联盟。弗朗霍夫协会在全国各地的大学设立研究所，由大学的教授来担任研究所所长，研究人员可以兼任大学的教学工作，培养年轻一代的研究人员。

借鉴日本科技投入管理方面的经验，我国应尽快建立能够统筹和协调科技全局的宏观管理机制，充分发挥科技投入整体协调机构的作用，在国家科技发展战略与规划、科技政策和重大科技计划制定过程中发挥领导和协调作用，统筹分配科技研发投入资金，提高经费分配过程中的透明度，实现科技资源的优化配置。

从世界主要发达国家科技投入管理模式来看，除了国家主导型外，即使是多部门参与科技投入管理的美国，也需要有一个国家科技投入的集中协调机制，尤其是在把控科技经费投入方面，要充分体现政府科技政策在导向方面发挥的作用，可以对科技投入规划的编制进行调整。而作为单一制国家的日本和韩国，其政治体制和财政体系更接近我国，它们在科技投入规划和运行科技投入管理上进行的探索更强调了集中协调和宏观调控。

国家科技研发投入规划的编制和调整是直接反映国家科技政策和国家发展战略变化的重要工作，并对全社会科技活动产生巨大导向作用。各部门科技研发投入规划的编制和调整需要顶层设计，缺乏顶层设计和协调，一方面会导致科技经费分配不合理、科技经费执行中的重复浪费、科技布局缺失、部门之间各自为政、追逐自身的利益分配、相互之间进行博弈等问题；另一方面，政府无法利用科技研发投入管理实现对国家科技活动的宏观调控。借鉴国外发达国家的做法，根据我国政治体制和财政体系特征，全盘设计、建立和完善合乎我国特色的科技研发投入规划和调整的调控方案已经非常迫切。

4.4.2 政府重视是科技社团在研发投入管理中发挥作用的基础

通过对国外科技社团的研究发现，国外科技社团组织并非天生就有参与科技投入管理的能力，政府的大力支持、科技社团的自身努力与实力以及社会各界的关爱都是重要的促进性因素，其中，来自政府的支持十分重要。从德国科技社团的发展情况看，德国科技社团组织承担大量的工作，如决策咨询、技术标准和安全标准的制定、科研项目的评价等，说明科技社团完全能够承担重要的社会工作。政府将大量科技规划和调整工作移交给科技社团，一方面，科技社团承接科技规划工作有利于减轻政府的压力，提高政府行政效率，行政成本也会大幅下降，有利于实现政府职能的转变；另一方面，有利于调动社会各界参与政府治理的积极性，体现出社会的公正、公平，同时，科技社团的运作受国家法律约束，有利于规范科技社团行为，促进其健康发展。良好的外部环境以及政府支持与信任是科技社团进行良性循环和发展的关键因素。德国政府高度重视对科技社团的支持与授权，让它们充分发挥专业力量，参与科技及研发投入管理工作。发达国家的经验告诉我们，政府机构没有自身经济利益所在，在使用好国家的经费来推动社会发展过程中，支持科技社团的发展是其中的重要一环。

我国政府如果将非常规性的、专业性强的科技项目的投向、排序、评估等任务交给科技社团，不仅可以提高科技经费的使用效能，还可以大幅度降低行政开支。

4.4.3 科技社团自身的实力奠定了其权威地位

科技社团自身具有独立性，不会受到某一机构或部门的牵制与影响，可以公平公正地开展学术活动。科技社团要有权威性，要有吸引力，才能形成凝聚力，更好地为本学科提供服务，培育新生力量，做好科技投入管理体制中的各项工作。对于德国科技社团来说，其健康发展的内因就是高度自律、公信度高。科技社团只有提高自身的专业水平，才能为服务对象提供优质服务。此外，科技社团应该有完善的内部治理机制，有健全的责、权、利相结合的经营管理体制，制定和健全各项规章制度，形成一整套有效的运行机制，加强自我管理、提高自我约束力，有担当并能承担相应的法律与经济责任，以保证科技社团参与科技研发投入管理体系过程中所需要的能力和水平。人才是科技社团实现自身发展的关键要素。法国、德国、意大利等国家均采取多种措施，培养人才，吸引人才，使用人才，发挥人才的优势和特长，为科技社团的能力建设营造了有利环境。例如，德国开展“爱因斯坦年”科技普及活动。通过广泛的科普活动、多层次的教育项目以及长久的科学普及，德国社会拥有了极丰富的人才资源，为科技社团的科学研究和能力建设储备了大量的人力资本。

我国科技社团是科技界精英学者的汇聚地，应当成为各学科发展的助推器。我国科技社团需要聚集本专业的权威学者，让他们成为学科发展的中坚力量，充分发挥他们的核心作用。学术界专家和学术权威也应具有通过科技社团这样的学术组织为社会服务、为科技发展服务的意识，经常出席学会组织的学术活动，既能与本领域的学者加强交流，也能使科技社团更具有吸引力和凝聚力。

4.4.4 法规建设是科技社团参与科技投入管理的规范

制定相关的科技法律法规和政策，可以为科技投入管理体制提供良好的法律政策保障，对于科技社团作用的有效发挥具有重要意义。从法国来看，为适应科技发展形势需要，法国政府制定了《科学研究与技术发展规划与导向法》以及《科学研究与技术发展法》。法国国家科技成果推广署还起草了长达200页的报告提交给政府，建议政府建立科技与经济相结合的研发与创新体系，将分散的技术研究力量整合起来，为此，政府制定了《创新与科研法》。《创新与科研法》使法国政府集中和调动有限的科研资源和经费办大事，研发费用由政府公共研究机构与企业共同承担，研发利益共享，精诚合作，促进科技成果研发、转化并迅速向市场进行推广。该法主要包括以下内容：第一，鼓励和支持科研人员参与企业研发，可以在企业和研究机构之间自由流动；第二，通过招标方式对选定的高技术创新企业，提供研发资金和其他配套设施；第三，建立孵化器和启动基金，为建设技术创新型企业提供便利；第四，在地区级别的行政中心设立国家技术研究中心，促进本地企业与研发机构的联合研发；第五，建立全国范围的研发与创新网络。研发网络促进技术创新有很多优势，其中一大优势就是政府可以在其中转变职能，从过去直接参与具体项目的方式转化为制定相关政策和通过相应手段对研发合作项目进行监督管理，实现对科研合作项目的控制。此外，政府还可以通过建立科研税收信贷政策，进一步加强对技术创新企业的税收优惠政策。

德国法律环境很宽松，科研协调机制良好。德国虽然没有制定科技法，但通过相关法规为科研机构创造了良好的生存和发展环境。德国鼓励学术自由，科技社团实行自治管理，科研工作不受外部干扰。作为联邦制国家，德国法律规定了联邦政府和各州政府在资助科研方面的责任和义务，政府通过科技政策、财政和计划等手段进行宏观调控和引导。各类科技社团在发展过程中形成了各自明确的定位和研究方向，机构设置可以灵活调整，以适应新兴学科的形成和发展的需要，也配合国家高科技的发展战略适时进行调整。德国设立了联邦、州教育规划与科学研究促进委员会和科学理事会，旨在加强联邦与各州之间、联邦各部门之间科研资助的协调与合作。联邦、州教育规划与科学研究促进委员会的主要职责是：协调联邦和各州制定科研政策和进行科研项目决策，制定科研中期规划，通报重点资助计划的制定情况以及联邦与各州就科研资助事务，针对科研机构和科研计划的共同资助提出建议。科学理事会的任务是针对高校发展、科研以及高等学校基本建设为联邦和州政府提供咨询，并制定具体措施，为科研机构的体制、效能、发展方向、资助重点、科研体制等重大问题以及研究和学科规划、评价、调控等问题提供咨询服务。

从国外经验看，科技投入管理制度是影响一个国家科技发展速度和水平的重要因素之一。随着我国科技体制改革的不断深入，科技投入的不足、分散、重复性和缺乏战略协调等问题亟待解决。充分吸取国外先进经验，发挥科技社团的作用，建立科学合理的研发投入管理制度势在必行。

第5章

我国科技社团在研发投入管理中的作用机制研究

世界发达国家的科技社团，在诞生的几百年里，以其规范的办会方式和学术制度，开创了现代科技社团的先河，成为世界科学体制化进程中的里程碑。科学与其周围的社会和文化环境互相影响并构成一种互惠关系。科技社团作为科学共同体，在科技发展到一定阶段时产生，并通过其活动和行为规范影响和塑造着社会文化环境。中国的科技社团历史较短，却仍然在推动科技进步、促进学科融合发展、弘扬科学文化、探索民主化建设等方面做出了突出贡献。本章的研究框架如图5-1所示，从我国科技社团的发展历史沿革出发，确定科技社团的组织属性和功能定位，有助于厘清科技社团在科技投入管理中发挥作用的机制，得出科技社团介入科技研发投入管理的角度及定位。

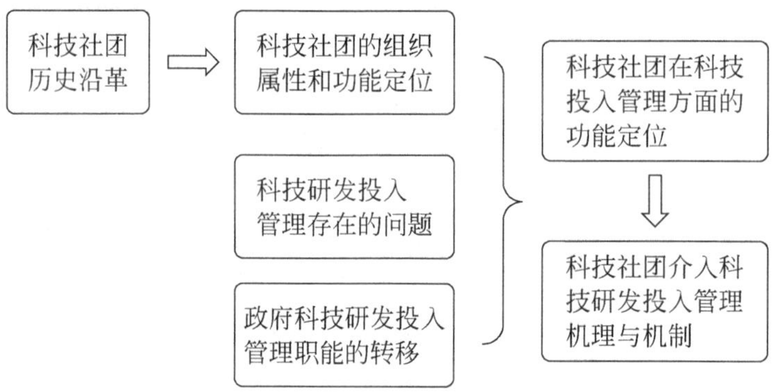

图5-1　研究路径框架图

5.1 我国科技社团的历史沿革

5.1.1　我国科技社团的成立

我国科技社团发展始于新中国成立初期。当时，国家百废待兴，制造业的发展及铁路、电力等经济基础建设迫切需要科学技术发展水平的提高，工商业发展也迫切要求全民科学技术素质的提高。为了满足各行各业发展对科学技术事业发展的需要，以研究单位和高校为依托，组建了自然科学、技术科学和工程技术等相关学科的学会、协会、研究会。新组建的科技社团章程规定，学会的任务是促进科学技术发展、学术繁荣和科学技术普及，以学术交流、科学技术传播为主要的活动内容。新组建的科技社团的性质是非营利性的社会团体，是由不同地区、不同行业、不同研究单位的科技工作者，为了研讨科学技术专业的学术问题，互通科学技术信息的自愿结合。

1949年，中国自然科学各学会的联合会筹备委员会（“科联”前身）在北京成立，并且被吸收参加了第一届中国人民政治协商会议，自此，中国自然科学联合会一直是中国人民政治协商会议的组成单位。1952年，随着科技社团活动的增加，自然科学各学会联合建立了“中华全国自然科学专门学会联合会”和“中华全国科学技术普及协会”。1958年，中国自然科学联合会与中国科技普及学会合并成立“中国科技技术协会”（简称中国科协），以便更紧密地协同科学技术活动，更强有力地推进科学技术普及。

中国科学技术协会（以下简称中国科协）是我国科技社团活动、运作的协调者和指导者，其社会定位是，国际民间科学技术交流的主要代表、科学技术交流的主渠道、科普工作主力军以及科技工作者之家。1965年底，中国科协所属全国学会（含筹备）发展到53个。我国改革开放伊始，1978年3月召开了全国科学大会，1978年4月正式恢复中国科协组织机构编制，随后，相继恢复各省、自治区、直辖市科协及所属学会。一批新兴学科的相应全国学会成立，伴随着新技术革命发展而出现的交叉学科，在我国也成立了相应的学会或研究会。到1981年，全国学会增加53个，总数达到106个。经过这个阶段的发展，我国基本形成了与科学技术学科体系相适应的学会体系。1986年6月，全国学会发展到138个；1991年全国学会发展到159个。进入21世纪以来，我国经济技术进入快速发展时期，全国的科学技术社团也出现数量不断增长、社团规模稳定扩大的现象。

5.1.2 我国科技社团蓬勃发展

如今，我国的科技社团发展迅猛，已经成为国家科学技术研发及创新体系中不可替代的重要组成部分。已形成了学科齐全、智力密集、人才荟萃的组织体系。中国科协所属的理科、工科、农科、医科和交叉学科等科技类全国学会共有210个，下属5500余个分支机构，拥有604余万个人会员。截至2021年，各级科协3184个，各级科协从业人员40656人（图5-2）。

我国科技社团已逐步形成了一个多层次、多类型、多功能的社会科技团体网络体系[52]，成为我国科技类社会组织的主要代表和生力军。横向包括理、工、农、医、交叉学科五大门类学科，纵向层次分为全国性学会、省级学会、地（市）级学会以及区（县）级学会等四个层次。经过多年发展，我国的科技社团的学术活动丰富多样，科技服务相关职能得到广泛拓展，成为具有中国特色社会主义科学技术研发网络体系中的主要节点和连接纽带，在国家创新体系中的地位和作用愈加突显。

国家一直重视中国科协及科技社团的工作。习近平总书记强调，中国科协要肩负起党和政府联系科技工作者桥梁和纽带的职责，坚持为科技工作者服务、为创新驱动发展服务、为提高全民科学素质服务、为党和政府科学决策服务，更广泛地把广大科技工作者团结在党的周围。坚持面向世界、面向未来，增进对国际科技界的开放、信任、合作，为全面建设社会主义现代化国家、推动构建人类命运共同体做出更大贡献。

图5-2　我国各级科协组织概况

（资料来源：中国科学技术协会官网）

5.2 基于历史沿革的我国科技社团组织属性与功能定位

理解科技社团在建设科技自立自强国家中的地位和作用，不仅要从科技社团的使命出发，还需要从国家层面考虑其特有的政治属性、科技属性和社会属性，才能充分发挥科技社团在强化产学研协同合作、调动多方主体积极性方面的作用，从而汇聚共识、形成合力。认识我国科技社团在国民经济发展中的属性特征，可以对当前我国科技社团的定位及职能提供一些参考。

5.2.1 我国科技社团的属性

(1)社会属性

科技社团本身是一个民间组织，是科学家根据自身专业、兴趣爱好自发组成的学术团体，不仅专业性强，而且没有部门利益，具有独立性、民间性。作为独立的社团法人，科技社团的组织活动可以接受主管单位、挂靠单位和等级管理机关的领导、指导和支持等，但是绝不属于任何机构和个人，保持了公正、客观、现实的独立立场。因此，科技社团需要形成“政社分开、权责明确、依法自治的现代社会组织体制”。科技社团作为从社会中来的群众组织，构成多元化是保障其代表性的基础，也是科技社团在社会治理中发挥作用的前置条件。应发挥科技社团广泛联系社会科技资源的优势，最大限度凝聚社团成员，促进科技社会和谐和科技社会稳定，促进科学技术知识的普及和推广，促进落实我国科技发展战略规划。

科技社团是学术性的会员制组织，从多方面承担社会治理中的各项职能，对于创新社会管理具有重要的意义。学会参与社会治理领域的职能主要体现在三个方面：引导、规范会员行为，促进行业自律；积极提供面向社会的科技服务，促进科技资源整合、优化；连接政府和其他社会团体，促进社会各层面的利益对话，参与公共决策。

（2）学术属性

科技社团的学术属性是由其基本功能决定的。回顾科技社团发展史，科技社团以学术交流为基本功能的脉络十分清晰。科技社团的首要任务是组织会员之间的科学技术交流，增进新知识信息和科学技术研发成果的扩散、流动；其次是面向社会的科技普及功能，即繁荣学术——推动学科发展、原始性创新和社会文明进步。

作为拥有众多科学家、研究者的科技社团往往人才荟萃、智力密集，在各个科学技术研究领域都拥有一流的人才。同时，科技社团享有各行业专家横向沟通便利的优势。提供学术信息只是科技社团较为原始的功能，科技社团在信息方面的优势是对信息的整合利用。在我国建设科技自立自强国家的背景下，大幅度提高我国社会的研发创新能力，协调科学技术发展与经济发展的均衡关系，需要合理配置、有效利用科技资源，提高科技投入的效率。科技社团具有学术优势、人才优势以及协调功能，结合科技投入的重点工作，可以利用其在学术方面的优势和专长研讨国家科技发展政策和产业技术经济政策；参与制定各门类科技发展规划，参与国家研究项目、科技课题、攻关项目的论证、成果评审等工作；可参与技术标准和规程的制定；参与或主导关键技术、共性技术、前沿技术的开发和成果鉴定等，从而推进全社会研发网络的构建，不断增强创新活力，提升科技投入效能。

（3）政治属性强、经济属性模糊

从我国科技社团的发展历史可以看出，科技社团通过组织科学技术力量参与革命斗争和协助完成重大政治任务，表现出坚定的政治立场，具有明显的政治属性。中华人民共和国成立后，1950年8月召开的中华全国自然科学工作者代表大会提出：新中国的科技团体的主要任务是配合国

家的经济和文化建设工作，成为人民政府有力的辅助。1954年12月，“科联”“科普”以自然科学团体名义推荐23名代表参加第二届全国政协，并逐渐形成固定模式。党和政府历来重视科学家和科技社团的参政、议政，给予科学家和科技社团很高的政治地位，科学家也投身新中国社会主义建设事业，在民众中获得尊重和极高的威望。我国科技社团在中国科协的指导下开展工作。从党的十三大至党的二十大报告和中央群团工作的相关要求中可以看出，学会的政治属性主要体现在党和广大科技工作者之间的“桥梁纽带”作用，强化对科技工作者的政治引领，夯实党的执政基础。

我国特有的政治、经济体制赋予了我国科技社团政治属性，是科技工作者与党在革命及建设的历史时期携手走过来结成的同路人关系，并发展成为我国科技社团的显著特色。当然，科技社团较强的政治属性也意味着其目前的性质是“官助民办，亦官亦民”，这也是与国外的科技社团存在较大差别的地方。但是，我国的科技社团又由于和政府之间的联系，为承接更多的政府职能转移奠定了良好基础。

我国的科技社团一般不具有营利性收入，不具有鲜明的经济属性。由于我国大部分科技社团建立于计划经济时期，成立之初的经费来源就来自财政事业经费。经济体制改革之后，部分科技社团以学会、协会的名义举办过收费技术培训等项目，但也仅仅是相关成本的补偿，不属于典型的经营性活动。“这就使科技社团与经济的联系纽带比较松弛，对经济的参与能力比较原始，科技与经济的中介职能起点较低，市场经济条件下自我保护能力和自我发展能力较弱”[53]。目前，我国科技社团经费的主要来源仍然依赖财政事业经费，因此，科技社团普遍缺乏通过科技服务及科技成果转让等中介服务活动自我独立运营的能力。

（4）较强的组织性和整体性

中国科协由全国学会、协会、研究会（以下简称学会）和地方科协组成。地方科协由同级学会和下一级科协及基层组织组成。组织系统横向跨越绝大部分自然科学学科和大部分产业部门，是一个具有较大覆盖面的网络型组织体系。

第一，全国学会。目前，中国科协主管的全国学会共211个，其中中国科协团体会员有192个，包括理科学会42个、工科学会76个、农业学会15个、医科学会26个、科普和交叉学科学会33个。

第二，地方科协。地方科协包括省、自治区、直辖市科协，市（地）科协和县科协，总计3184个，各级科协从业人员40656人。此外，还有大量科协基层组织，如农村专业技术协会22664个、企业科协25692个、乡镇/街道科协28750个、高校科协1607个。

第三，中国科协职能机构。中国科协设有办公厅、计划财务部、组织人事部、调研宣传部、学会学术部、科学技术普及部、国际联络部、机关党委、离退办九个部门。机关直属事业单位共14个，包括：科学普及出版社（中国科学技术出版社）、中国科学技术馆、中国科技会堂、中国科协学会服务中心、中国科普研究所、中国科协发展研究中心等。

第四，中国科协的管理体制。中国科协实行全国代表大会、全国委员会、常务委员会管理体制。常务委员会设置学术交流与学会发展专门委员会、科学技术普及专门委员会等12个专门委员会，协助审议需经常务委员会审定的重大事项。常务委员会下设书记处，书记处在常务委员会领导下主持中国科协的日常工作。

在我国，科技社团不仅是科学家或者专家的聚合，而且是一个运行良好、管理有序的社会组织网络。各科技社团设有常设机构，包括决策层、执行层和监督部门。这也意味着，科技协会可以将专家个体的声音凝聚上升为组织的声音。

5.2.2　我国科技社团基于其属性的基本功能定位

总结我国科技社团所体现出的多方面属性，并结合国外科技社团发展所走过的历程，可以得出我国科技社团的功能定位可以大致包括学术交流、科学普及、科技中介服务、科技领域认证、科技评价和鉴定以及政策咨询，从而，在政府、科研院所、企业以及科技工作者之间建立有效的研发网络（图5-3）。

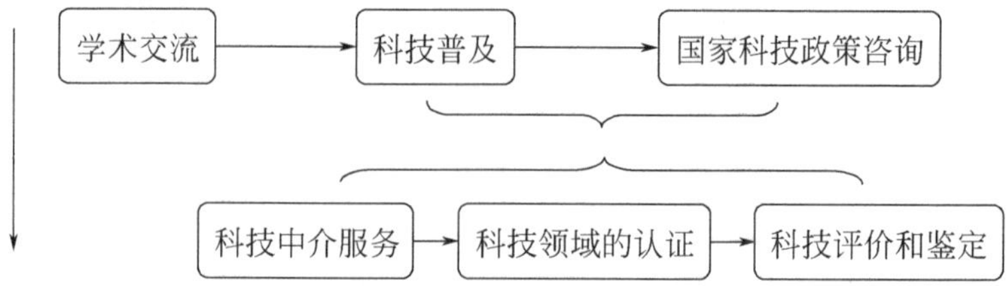

图5-3　我国科技社团的基本功能定位

（1）学术交流与科学普及

科学技术研究活动是科技人员在掌握充分的科技信息基础上展开的，因此，科学技术交流是科学技术活动不可分割的内容。“科学共同体联系的唯一途径就是科学交流，只有通过发表文章、阅读与引证同一领域的文献，参加相关会议与短时期的访问、交流与合作，才使这些分散的人员联系起来。”基于科技社团所拥有的科学家和研究者的网络，科学家的科研活动可以在很大程度上得到拓展，擦出的思想火花能够不断地推动科学理论发展和科学技术的创新。在西方国家，科技社团的学术交流功能一直延续至今。随着我国建设创新型国家和科技自主创新的需求，科技工作者对学术交流的需求也日益增长。我国的科技社团应将内部的学术交流常态化、规范化，一方面方便科技工作者规划科研工作的进度，以最新的研发成果与会员交流；另一方面，方便科技工作者在职能工作范围内安排时间参加学术交流活动。科技社团也要重视学术期刊和专著的出版、提供学术信息服务，促进科技社团学术交流的不断创新。

科学普及是科技社团在发展中承担起来的另一个重要职能。近百年来，科学技术创新成果以指数量级涌现出来，渗透到经济活动及生活的方方面面。生活在科技引领经济的时代，掌握最新的科学技术进展，了解新技术成果在生产、生活中的应用，才能驾驭技术而不是为技术所困。科学普及是提高社会生产力及社会文明程度的重要途径。

我国分布在各类别科技领域的科技社团，是社会文明建设及提高公民科学素质的中坚力量，科技社团的科学普及活动主要包括：将科学思想和科学精神融入各级课堂、开设新科学技术知识讲座、辅导各类技术的应用、组织出版科普读物等。我国科技社团在致力于公众走进科学、了解科学技术知识、树立科学的思想及方法论等方面做了大量建设性的工作，通过多种形式、多种方法传播科学理念，使全民的科学素质得到大幅度提高，促进了社会的精神文明和物质文明建设，提高了公众参与公共事务的能力。

（2）科技纽带与中介

科技社团承担科技中介职能是科学技术深入发展的结果。在科学研究领域日益拓宽、技术的复杂系数日益提高的条件下，需要基础研究、应用研究、孵化器、企业等科研产业链上的各个环节密切结合，协同开发与创新，形成参与广泛的社会研发网络，共同完成科技研发和应用任务。科技中介是为科技活动参与主体——政府、大学、科研单位、企业提供居中联系的人或组织。

我国科技社团通过协调社会研发网络节点之间的科学技术研究活动、科技成果转化、技术扩散、科学信息与数据的传播、科学普及与科技服务等工作，充当了研发创新主体的中间人和联系纽带，推动建立起政府主持、研究单位主导、市场导向的自主创新体系。

（3）科技认证与评价

科技人才是科技资源中最宝贵的资源，因为，科技研发活动其实是以科技人才为主体的活动。科技人才的使用与正常流动是实现合理配置科技资源，有效利用科技资源的前提，是科技人才价值得到体现的重要一环。科技人才使用与流动的主要障碍是专业职称认定和职业资格认证，只有科技人员的专业能力得到权威机构的认证，不同科研单位才能互认其技术资格。在经济技术发达国家，科技社团不仅是职业继续教育者之一，也是技术职称的考核者和鉴定、认证者。

目前，我国的技术职称评定和职业资格认证体系由政府主导，政府赋予研究机构、教学单位、地方人才管理机构专业职称评定的资格和组织职业资格考试的资格，每年的职业资格考试，都要消耗大量政府资源。我国的科技社团在组织专业师资及评定专家方面的优势，使其有能力承担职业资格评定前培训和职业资格评审、认证的任务，政府应把职业资格管理的职能转移给科技社团，制定国际公认的职业资格标准与职业规范，为吸引科技人才归国参加科学研究与开发提供便利条件。

科技事业管理中另外一个重要内容就是对科学技术进行评价。科技评价是指“受委托方根据委托方明确的目的，按照一定的原则、程序和标准，对科技活动以及相关事项进行的论证、评审、评议、评估、验收等活动”。科技评价需要保持中立、客观、不以营利为目的、能够承担法律责任并具有学术或行业权威性的非营利组织。而科技社团恰好具备这些条件。科技社团可以利用其专业化的技术优势，组织开展科技成果的第三方评估与分析，降低技术不确定性，服务于创新价值链的不同阶段。科技成果的评估机制主要包括两个方面：一是科技成果转化的社会价值评估，即通过评估某项科技成果在某个消费环境下的价值实现能力来预测其价值投入的回报率；二是科技成果转化和推广应用的技术价值评估，包括转化应用的先进性、可行性、技术条件以及可能存在的技术难点等，以尽量降低技术不确定性。

但我国现行科技评价活动中更多的是政府和专家评审委员会参与，科技社团并没有得到应有的重视。因此在包括科学技术计划、项目、机构、成果的科学技术评价中，应该解决科技社团的“缺位”问题，有效发挥其作用，从而增加科学技术评价活动的公开性，保证评价工作的中立性和公正性，评价结果的科学性和客观性。

（4）科技咨询与决策

产业革命之后，科学技术对经济发展的作用日益受到工业化国家的重视，科技发展政策上升为国家政策体系中的重要政策，意图通过正确的科技发展政策，引领社会经济的发展。科技发展的重要性提升之后，各国的科技社团相继参与了科技政策论证、决策和咨询，实现了科技社团职能的第三次扩展。

科学的决策体系是由科学分析工具及科学决策程序构成的，科技社团作为政府和科技工作者的中介，作为社会研发网络中的节点，可以最广泛地收集整理科技发展的相关信息和数据，把科技工作者的个人智慧上升为团体智慧；与其他组织相比较，科技社团还具有最熟悉科学决策工具、尊重科学决策程序的特点，因此，科技社团参与科技发展政策的论证和制定，会有效促进相关决策的科学化。

科技社团参与其他政策领域，尤其是关系到国计民生领域的政策制定也具有不可替代的优势。我国政府为了实现决策的科学性，高度重视决策民主化的作用。科技社团的成员从社会中来，可以直接反映基层民众的想法和意见，科技社团参与决策论证之后，又可以把政府的政策意图带回去，促进政府与公众的沟通，最终推动社会对政府政策的理解，促进政府政策的落实。作为有社会责任感、有威望的科技社团，做好政策论证及咨询责无旁贷。同时，参与国家相关政策论证和咨询，也会大幅度提高科技社团的社会价值，扩大影响力，促进社团发展。

5.2.3 科技社团参与政策制定的形式

从科技社团的组织主导性和内容专业性两个维度出发，可以得出科技社团参与政策制定的四种模式[54]。

（1）构建平台

科技社团可以通过构建政府与学界的交流平台参与咨询决策。交流平台具有长期性及专业性的特点，可以常态化按期举办有政府官员和学者参加的学术会议，讨论相关政策的理论依据，论证政策形式和政策导向，从而实现二者的对话与交流。科协组织和科技社团通过主办相关学术会议，设定专业性的议题，预测科技发展的趋势，会议的专业性和学术性较强。也可以临时因社会突发重大事件、危机事件组织政府官员与学者的会商，专家学者围绕问题建言献策，优化解决方案。科技社团构建的交流平台具有高度的组织性和专家参与特色，具有专业视角和大数据分析的科学性，构成被我国政府经常采用的决策咨询模式。科技社团通过构建平台参与政府决策和咨询的目的十分明确，就是运用政策研究的方式解决与专业领域相关的社会问题，主动地进入政府的相关政策议程，进而提升自身的社会贡献水平。

（2）问题启发

科技社团利用专业知识和能力，对社会问题或危机事件建言献策。在某些社会事件发生时，科技社团率先发现相关问题，并进行深度反思，从自身的专业视角出发，主动地进行议程设置，向政府提供相关政策建议，开展咨询服务。这种模式往往是问题导向的，更偏重于对策研究，学术色彩较为淡化，因而内容专业性较弱。该种模式是一种比较纯粹的决策咨询参与模式，科技社团的目的和方式都十分明确，就是运用政策研究的方式解决与其专业领域相关的社会问题，主动地启发政府的相关政策议程，进而提升自身的社会影响力。

（3）专项研究

政府委托科技社团承担有关政策依据、政策内容、政策效果的专项课题研究，科技社团通过组织学者参与课题研究，间接为政府政策制定提供参考方案。政府委托科技社团组织专项课题研究，是因为科技社团关联的专家、学者具有专业研究能力，是希望借助专项课题研究，将政策制定建立在充分的专业分析、研讨基础上，进而提高政策的专业水平，避免政策失误带来的损失及代价。

科技社团承揽专项课题研究是学者和专家参与政府决策和咨询的主要形式。专项研究是可以广泛召集科技工作者参与国家大事的决策过程，一方面，可以唤起专家、学者关心国家科学事业发展的热情，激发专家、学者投身社会经济技术发展的积极性；另一方面，也是提高政策科学性，确保政策效果的有效模式。这一模式的特性决定其将在未来相当长的一段时间内依旧占据主导地位。

（4）政治协商

科技社团利用政治协商会议这一平台参政议政。我国在政协全国委员会和政协地方委员会中，安排了“科学界”的代表位置。代表科学界走进政治协商会议的专家、学者，通过向政协提交议案和参会，直接参加了国家和地方的政策制定、政策咨询、政策实施调研。由于政协委员中，“科学界”委员的数量有限，因此，这种方式的影响力也有限。

目前我国科技社团的功能并没有充分发挥出来，仍然更多地停留在学术交流和科技普及两个阶段。对于其自身拥有的网络资源和整合资源为国家、社会发展做贡献的能力尚未得到很好的发挥。然而科技中介服务、科技领域的认证、科技评价和鉴定和决策咨询恰是能够充分展现科技社团作用的环节。因此应该在保证学术交流和科技普及这两个功能的基础上，进一步加强科技中介服务和国家科技政策咨询这两个功能的建设。

5.3 基于政府职能转变的科技社团参与研发投入管理架构

5.3.1 科技社团参与科技研发投入管理是政府职能转变的必要前提

随着我国经济体制改革的不断深化，社会主义市场经济快速发展，并不断完善。党的二十大报告指出，继续推动政府职能转变，优化政府职责体系和组织结构，推进机构、职能、权限、程序、责任法定化，提高行动效率和公信力。我国政府的主要职能包括：经济宏观调控、市场监督管理、社会服务管理、公共服务管理四项，其中，社会化服务类的职能可以转移给第三方专业中介机构，以减轻政府的行政负担、提高科技管理效率。例如，科技奖励、研发成果评价、科技资格认证、科技决策咨询、科技人才培训、科技领域的继续教育等都属于社会化服务类的工作，都可以逐步转交给科技社团代理。我国在加入世界贸易组织的报告中就曾经指出：今后，我国的社会治理主要由三类组织发挥重要作用，一是政府，二是企业，三是社会类团体和各类中介组织，相互之间可以形成高效协同的三元社会结构。

科技社团是科学家基于自身专业、兴趣爱好自发组成的学术团体，既有很强的专业能力，又没有部门利益冲突，因此，科技团体天生具备了承接政府社会化职能的能力及优势，其角色在我国建设创新引领型国家大背景下会越来越重要，会在贯彻落实科学发展观、科技自主创新、行政管理体制改革和社会管理体制改革中发挥重要作用。我国强政府、弱社团的格局正逐步向“强政府、强社团”的格局转变。要想在建设创新型国家的进程中取得重要的突破和进展，需要大力提升各级政府及其职能部门的科学决策水平，尤其是对科技研发投入的管理能力。

党的二十大报告将我国自主研发与创新能力提升到国家战略的高度，强调我国要坚持创新在我国现代化建设全局中的核心地位。我国自主创新战略首先体现在科技研发投入资源方面，可以看到，我国的科研经费投入总量一直在逐年大幅度增加。2021年，我国的研发投入强度已经达到2.44%，接近经合组织（OECD）国家的研发投入强度平均水平。因此，我国科技投入体制改革和科技体制改革也在不断深化，科技研发投入管理方面存在的问题引起了广泛关注。科技管理体制存在的缺陷是自主创新的最大障碍，尤其是当科技研发经费的分配机制存在问题时，科技资源的投入产出比会受到影响，造成科技投入产出效能低。对于科技经费投入的管理，从科技投入规划方法、科技项目评估评审、科技经费执行跟踪、决算审计，到信用授权以及经费管理的考核与评价等方面都需要进行优化，从源头上杜绝科技投入经费的浪费。因此，政府科技研发投入管理模式的优化与变革势在必行。

我国研发与创新体系由三大子体系构成：即科学研究与技术开发体系、第三方中介服务体系和国家宏观调控体系，其中，第三方中介服务体系是一个相对薄弱的环节，其作用还未充分发挥出来。因此，加快建设国家研发与创新体系的一项重要内容是，必须大力支持和发展第三方科技中介服务，建立起以科技社团为核心的组织网络化、功能社会化、服务产业化的科技中介服务体系，才能促进全社会科技资源高效配置和综合集成，全面提升我国科技自主创新能力。

5.3.2 科技社团在科技研发投入管理中的功能定位

结合科技社团的功能定位，我们认为科技社团可以在研发投入管理方面占有突出地位并发挥重要作用。例如，在科技项目评价、科技成果鉴定以及科技决策咨询等方面，广大科技工作者可以用专业智慧和能力，参与科技投入规划的编制、监督、评价、评估以及决策咨询，减少盲目决策造成的失误。

科技社团在研发投入管理方面的功能定位，早已经在西方国家得到了实施和验证。中国科协曾经对法国、德国和意大利等国家的科技社团进行深度考察，他们发现科技社团的功能和机制的定位与国家创新体系的完善有着密切的联系。一个国家的创新体系越完善，科技社团在其中的作用就越大，特别是在科技决策咨询、学术交流、科技评价等多方面，科技社团发挥了不可替代的作用，对于推动国家创新体系的建设和完善起到了重要的作用。此外，他们还发现，国外科技社团是一个独立性很强的社会组织，是处于社会中的第三方中介组织，履行了现代社会中政府、企业所无法承担的社会职能，可以说，科技社团是推动政府体制改革、转变政府职能的重要力量。科技社团应重视和维护科技社团的学术权威地位，向政府提供科技政策方面的咨询，担当起政府的智囊团角色。因此，可以对科技社团在科技研发投入管理制度中做如下功能定位。

（1）科技投入规划环节

科学研究和科技开发具有创造性强和研究结果不确定等特点，因此，科技研发所需要的资金和所消耗的各种资源也具有不确定性特点，不能事先准确预测。政府官员也很难在事前对科技项目经费进行准确预测。而科学社团的专家可以利用自身拥有的专业素质和在所属领域的多年经验帮助进行科学预算管理，加强科学预算的科学性。

第一，确定每一年科技经费分配的重点领域，并以此作为判断项目优先权的依据。由于我国仍然是发展中国家，因此，发展的资源和资金均十分有限，提升科技预算配置的有效性十分必要。为了保证能够将有限的资源用于国家重点科学建设和科技发展上，需要能够统领每一个时期科学研究的方向和重点分配领域。像日本、韩国等集中型的科技研发投入管理体制中，一般会有一个专门负责的部门提出该如何规划下一年度的研发投入经费、经费分配政策和追加预算的具体要求等，并以此为依据确定科技项目和预算的优先权。在这一过程中，需要对国家科技发展以及各个科技研究领域和重点科技发展领域均有全面把握和了解的机构给出综合的判断和建议。科技社团恰好能够满足这样的要求。其下辖的各个学会均是各行各业科学研究的先行者，能够对国家和行业的整体发展做出科学的判断和预测。

第二，作为评估机构对申报方案进行评估，协调项目之间的预算分配。科技社团可以帮助完善评估评审的机构和标准的建设。按照公开、公平、公正的原则，无论是科技研发规划的制定，还是科技经费的执行，都需要进行评估。评估方应该是独立的第三方机构或团体，一般要由科技项目的委托人和受托人（责任人）以外的第三者独立进行评估，需要独立于政策的制定者和项目的执行者。许多国家的重大科技项目本身的管理可以交由科技社团评估，计划管理小组也要提交绩效报告。这样的评估和评审制度非常严格和严谨，可以有效避免科技投入规划中可能会出现的各种问题，保证了科技投入的合理性和科学性。社团的独立性和专业性都使得其能够更好地作为第三方的评估者，给出专业和科学的指导和建议。

第三，管理科技项目立项数据库。为了防止在科学发展研究中重复立项浪费资源等现象的出现，我国可以参考日本设立“政府研发数据库”。科技社团可以主管这样一个数据库。在对申报方案进行评估的同时，也可通过数据库查询来减少重复立项的现象，实现科技预算效用的最大化。

第四，以中介咨询机构的方式提供服务并帮助筹划申报方案。这是科技社团介入预算管理的另一条途径。上述途径均是站在政府的立场编制预算方案和对申报项目进行评估、指导。而在德国，很多科技社团还发挥中介咨询的服务，帮助申报单位更加科学和精确地进行科技预算的申报。

（2）科技经费执行环节

在科技经费执行环节，科技社团可以实时跟踪经费的执行情况，及时发现、分析投入经费的差异并进行同步调整，加强经费投入的事中控制。科技研发投入要真正达到预期的效果，就需要对科研项目采用全生命周期式的管理模式：从项目的立项、发包和验收等环节，到项目质量保证、项目进度跟踪管理、风险控制等方面都需要跟进、评估、调整。如今，数字化技术和各种现代信息管理工具和手段的运用，已经大大提升了科技经费执行的有效性，同时，可以委托科技社团等第三方专业机构加强研发过程的沟通与管理。对于重大科研项目，更应该重视对项目过程中的每一个里程碑的实现都有所掌握和进行评估验证，根据项目执行的评估情况决定是否调整项目的经费规划或对项目继续投资。

科技社团可以在科技经费执行的各个阶段担任评议专家，参与项目的评估。当科技预算交由预算执行单位进行使用的时候，需要有组织能够对项目过程中具体的阶段进行中期检查和评审，从质量、进度、财务支出预算等方面跟踪控制，降低项目的风险。可以结合政府对项目分期投资的方式，由科技社团的评估来确定是否继续给予投资以及下一期经费预算的额度。

（3）科技项目评估验收环节

在科研项目的评估验收阶段，科技社团还可以负责设计成果评价的指标，并参照指标实际对项目实施状况进行评估。加强科技资金的绩效管理，为编制预算提供重要依据。

首先，科技社团可以先对科技项目进行分类，按照不同属性和目的先分门别类，再对不同类型的项目赋予不同的权重。评价项目的优先性有五个指标：多部门联合与协作、项目影响力维度、相关性维度、灵活性维度和持续性维度。这五方面评价的得分与初始筛选的得分加总，就可以确定科技研发投入最终优先资助和投资的项目。对于下一年度项目经费的安排，一般是在参考本年度项目经费支出合理性评价、绩效评估和评价报告的基础上，进一步完善和修正未来的投入规划，形成较为科学合理的科技投入支出方案，为政府的科技决策提供参考。

其次，科技社团可以利用自身的科学背景，按照政府科技资金管理有关部门相关法律法规的要求，协助构建和完善科技项目绩效评估指标体系，与被评估部门进行及时有效的沟通，将科技项目绩效评估结论、评估等级、存在的问题等反馈给相关部门，并与之沟通下一步整改建议与方案，帮助被评估部门及时发现问题并进行调整，有针对性地提出改进方案，促进科技投入资金使用效能的提升。

此外，科技社团还可以借鉴国外的经验，将研发投入绩效、科技战略与科技预算进行有效衔接。根据科技投入绩效考核的结果，来客观地评价科技发展战略实施的有效性，重视运用绩效评估结果提升科技投入效能，可以长期追踪绩效结果的反馈、整改方案、整改效果，以进一步调整下一年度科技投入安排和中期财政规划。

最后，科技社团可以提升科技绩效评估的全面性。科技项目评估不应该仅针对科研项目，还应该考虑其他相关的重要因素，例如，科研团队构成与实力、实验室条件、曾经取得的科技创新成果、研发成果的经济效益等，这些都可以纳入大的评估框架和体系。此外，还可以对比政府资金用于科研的成本和社会资金用于科研的成本，以确定最优提供者并促进科研绩效的提升。同时，在对科技项目成果进行评价时，要改革过去以发表论文等成果产出为主要衡量标准，应该构建一个丰富、多元的评价系统，可以引入技术创新形式、高水平人才交流与培养、国际合作水平、经济效益等多元化的评价指标。

5.3.3 我国科技社团介入科技投入管理的机制

我国科技社团参与科技投入管理的作用机制主要有四个环节，分别为图5-4中的①②④⑤处。

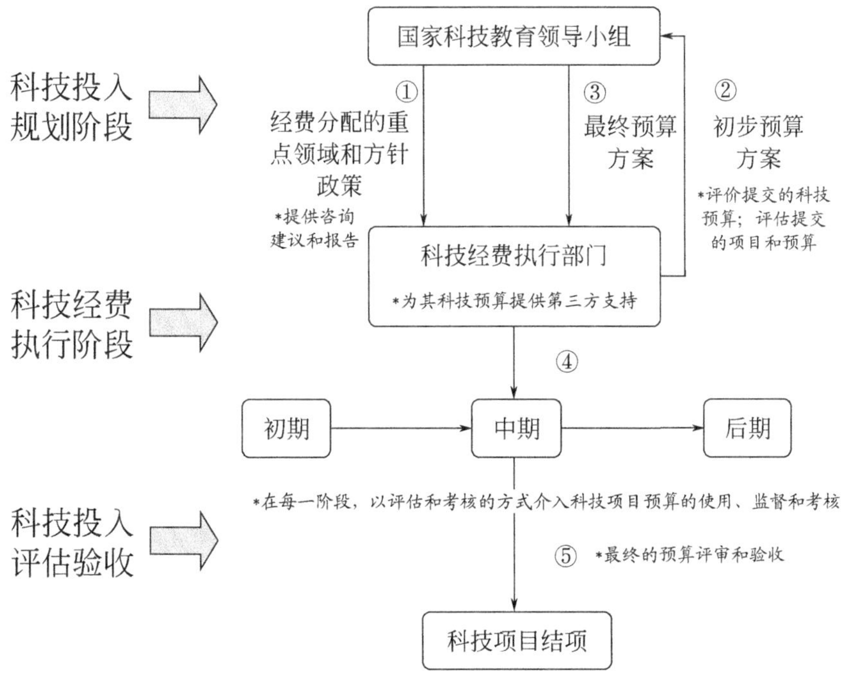

图5-4　科技社团介入科技投入管理的路径图

首先，能够直接反映国家科技政策和国家发展战略变化的重要工作是国家科技投入规划编制和调整，这项工作会对全社会科技活动产生很强的导向性作用，需要有一个部门能够真正担当对政府科技投入规划编制和调整进行协调的角色。我们可以充分利用现有的“国家科技教育领导小组”的科技研究的导向和协调作用，并加强其在年度重大科技战略和科技政策中的决策职能，形成一个跨部门的科技决策机制。而科技社团在其中发挥了参谋、评估和监督等作用。

其次，在科技成果转化方面，科技社团可以发挥关键作用。这是由于科技成果本身是一种无形的、特殊的商品，其中蕴含着高深的专业知识，一般人难以准确评估其价值，必须由专业人员来进行评估。科技成果转化的成效也存在高度不确定性，我国科技创新驱动战略的首要任务就是要将科技成果进行转移并转化成实际的生产力，科技与经济要做到紧密结合，非常关键的一个环节就是科技成果转化环节。科技成果转化成生产力，对于推进供给侧结构性改革，加速支撑经济转型升级和产业结构调整，促进大众创业、万众创新以及打造经济发展新引擎具有重要意义。因此，将科技成果转化推广应用建立在市场化机制基础上，沿着创新价值链进行知识转移、耦合和知识价值增值，需要建立起信息有效沟通、彼此信任、优势互补、利益共享和共担风险的合作机制[55]。

科技社团具有公益价值使命、健全的组织网络体系、专业技术能力等方面的优势，可以通过建立完善的学习与知识共享机制、科技评估机制、科技决策咨询、专业化技术服务、产学研战略联盟等途径，整合科技资源，构建产学研协同研发与创新服务平台，促进产学研协同研发与创新，形成完整的创新价值链，消除信息不对称和技术不确定性的问题，促进科技成果的转化与推广应用（图5-5）。

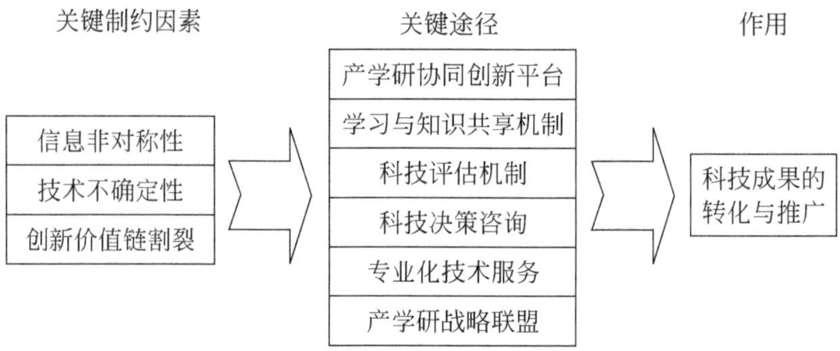

图5-5　科技社团促进科技成果转化的服务模式[55]

此外，科技社团还可以从另外一个途径介入科技投入管理：为科技投入提供独立的第三方支持。科技社团具体介入研发投入管理的形式有以下几种。

（1）专题研究

首先，科技社团可以组织各领域的专家进行研讨，撰写并发表有影响力的研究报告，用报告等专题形式报送党委政府机关和有关主管部门。其次，举办专题研讨会，针对某一个领域的重大问题，邀请并组织知名专家学者举办专题论坛，展开研讨，多方充分交流意见和见解，共同出思路定方案。再次，科技社团可以采用接受委托的形式介入研发投入管理，根据有关方面的要求，组织知名专家对有关政策或专项研究开展调研与咨询，提出修改与补充意见，完善对相关专题的方案制定与咨询。最后，还可以帮忙推荐领域内的知名专家，组织专家参与经济发展、社会治理、行业政策、企业或区域发展规划等政策制定，开展对话，听取多方意见，为正确决策提供咨询及资讯。

（2）听证会

科协或学会作为第三方，就专业政策制定中牵扯的科学、研发与技术创新等问题，开展多方对话活动，采用访谈、问卷调研等多种形式，事先征求社会各界人士的意见，让政策制定者听到公众内心的真实想法、愿望，了解公众所关心的问题，使制定出来的政策更加贴近现实，针对公众的痛点去解决问题，很快地能够得到社会的理解与支持。

（3）独立的第三方协调

第三部门是相对于第一部门与第二部门而存在的。第一部门指政府组织，第二部门代表市场组织。科技社团跟政府组织和市场组织有本质区别，属于第三部门，是存在于传统的公共部门和私人部门之间的、相对而言的中间部门。科协或学会可以牵头创建科学与研发公众对话中心，从第三方的立场搭建沟通桥梁，让政府组织部门和持不同观点的公众方进行对话，保证制定出来的研发投入规划能够遵循公开、公平、公正的原则，可以接受公众的监督。

5.4 为落实科技研发投入管理工作科技社团要进行的组织调整

科技社团想要承担起科技研发投入管理的职能还必须多练内功，加强自身建设，增强科技社团的组织能力、提升科技权威性和承担项目的实力，管理方面要逐步独立。如果科技社团处处依赖政府，内部管理机构不完善，就没有充足的条件和必备的能力来承担政府科技研发投入转移的部分职能，职能转移也就失去了意义。探索科技社团的组织体制和机制的创新、循序渐进地改革现行的双管理体制和挂靠体制是实现科技社团介入科技研发投入管理的重要环节，也是实现科技社团自身持续发展的必然选择。科技社团本质上是一个民间组织，可以具有多样的组织结构，然而，这一切都是建立在民主基础之上的。

5.4.1 科技社团的构成要素

通常，科技社团有四个主要的构成要素：会员、决策机构、执行机构和监督机构。

（1）会员制

科技社团实行会员制。有了会员，科技社团就有了生存和发展的基础。同时，会员也是科技社团的主体，科技社团的宗旨是为会员服务，科技社团很多工作都是针对会员需求设计的，也依靠会员来开展和完成各项工作，因此会员是科技社团正常运行的主力军和中坚力量。加入科技社团是有相关条件的，只有符合科技社团相关条件的科技工作者，才有资格向科技社团递交入团申请，经社团审批同意后正式成为社团会员。会员需要按时向科技社团缴纳会费，可以享受科技社团提供的服务。科技社团的成员是来自企业、高校、科研院所、政府部门等各行各业的科技工作者，社团成员来源的多样性给科技社团带来了多方面的科技优势，让科技社团成为一个柔性组织，具有了组织柔性优势。

（2）科技社团的决策机构

科技社团实行会员代表大会制度。理论上讲，科技社团的最高权力机构是全体会员大会。鉴于科技社团的众多会员来自不同地区的不同行业，要想把所有会员集中在一起开会讨论社团发展问题、制定各项政策或进行决策等，是一件非常困难的事情，也是不切实际的。因此，会员代表大会就成为目前大多数科技社团的主要决策机构，会员代表大会选举产生理事会（常务理事会），理事会是科技社团核心决策团。按照社团章程，全体会员可自行推选会员代表。理事会每隔3～5年就召集一次会员代表大会，若有特殊情况，可提前或延期举行会员代表大会。科技社团日常工作是由社团理事会来主持，并负责召集和组织各种社团活动。理事会每年至少召开一次会议，社团理事长是社团法定代表人，理事会对会员代表大会负责。常务理事由理事会选举产生。在理事会闭会期间，常务理事会按章程行使部分理事会职权和理事会授予的其他职责，对社团的部分重要工作做出决策，并对理事会负责。在常务理事会闭会期间，理事长可召集由理事长、副理事长、秘书长参加的理事长会议，对社团的基本工作事务进行研究、讨论，提出修改意见。

（3）科技社团的执行机构

科技社团的执行机构，也可称之为办事机构，由秘书处、工作委员会、专门委员会、基层组织和分会等构成。秘书长领导秘书处开展日常工作，承担科技社团的日常事务，科技社团可以根据需要设立多个职能部门，如办公室、财务部等综合部门，杂志社、出版社、咨询培训部，社团附属企业等。在工作比较多、有需求的情况下，理事会或常务理事会可以根据社团具体需要设立工作委员会和专门委员会，协助理事会或常务理事会管理和处理社团部分事务，协助审议需经常务委员会审定的有关事项。有些科技社团还建立了地方基层社团组织，处理当地相关事务；有的根据学科细分，成立了社团分会等机构。由于科技社团理事长及理事会的成员多为兼职人员，理事会重大决策的落实、社团日常运转的维持在很大程度上依靠执行机构工作。

（4）科技社团的监督机构

科技社团有独立的监督机构，会员代表大会民主选举并成立监督机构，专门负责监督理事会的工作，考察理事会的决策程序是否遵循了民主决策程序、理事是否履行职责、理事长是否在位并依法进行管理等，由此可见，监督机构在社团中的地位比较特殊。有的科技社团还设立了专一机构，专门监督本社团经费规划的制定和执行情况，对会员代表大会和理事会负责。

5.4.2 优化收入来源实现财务独立

经费来源的结构决定了一个社会团体的结构、性质、作用和发展方向。科技社团的非营利性质使其获得资金主要来源于会费、政府补贴、津贴、上级组织拨款或奖励、私人和社会捐助以及活动收入。我国科技社团的收入来源比较单一，主要包括会费、拨款、捐赠和资产经营等，其中，学会活动是其获得经费收入的最主要来源，占总收入的42%以上。同时，挂靠单位的经费支持也是全国学会经费来源的第二大渠道。在国内，由于各种规章制度尚不完善，因此科技社团获得的捐赠相对较少。

尽管科技社团的根本属性之一是非营利性，但国外的科技社团特别注重财政收入以及财务独立。政府为了促进科技社团的发展在税收方面制定了优惠政策，这使得科技社团获得了宽松的社会环境。英美科技社团经过多年的积累已经拥有了巨大的资产，并且其财务收入主要来自会费、期刊收入、捐赠、商业活动、投资和租赁等几个部分。会费、期刊收入和商业活动等几项收入在总收入中所占比例相对较大，构成科技社团的主要经济来源，但不同科技社团各项收入构成比例有较大差异。

英美科技社团还通过提供各种商业服务盈利，手段五花八门。例如，学术期刊提供广告服务，在展会上向商家缴纳展位费，销售网络课程等服务产品以及多样化的冠名服务等均为科技社团提供收入来源。这些收入除了用于科技社团运营所必要的支撑性开支外，还用于教育培训、设奖颁奖、项目资助、学术交流等多种会员服务项目中，最终回馈给个人和团体会员。例如，美国化学会在2017年的总收支分别为5.69亿和5.47亿美元，净资产规模达到10.23亿美元以上[56]。

相比之下，我国科技社团的盈利能力差，财务独立性较弱，相当一部分科技社团有挂靠单位，经济上不能自食其力，主要依靠挂靠单位给予其人力、物力和财力等方面的支持，科技社团的日常开支主要通过向不同的政府部门申请获得，来自经营性的收入较少，不足以维持社团正常开支，科技社团多数实力较弱。由于其在财务上的不独立，导致其日常运营以及职能的发挥会受到挂靠单位等的影响，削弱其作为独立第三方的公正性和公信力。因此，我国科技社团可以借鉴国外一流科技社团的经验，通过多种途径，获得财务独立性，才有助于正常发挥第三方的职能。以下途径可以帮助科技社团实现经济独立性。

（1）会费收入

科技社团是由会员组成的，主要的服务对象也是会员。因此向会员提供一定服务并且收取会费是科技社团的一项主要经济来源。这也是符合国际惯例的。比如每年，美国公共卫生学会向每个会员收取150美元的会费，这项收入占该学会总收入的30%。德国气水专业科技协会（DVGW）的主要收入来源是会员会费，占整个收入的53.11%。此外，认证、咨询、信息出版和专业培训分别占其余收入的11.15%，1.4%，8.14% 和 21.17%，其他收入占3.19%。香港工程师学会（HKIE）依靠个人会费和申报职称的经费为经济来源。该科技社团每年稳定获得约1900万港元的收入，并支出约1600万港元，每年节余约200万港元。该会共有19000名会员，分为高级会员、一般会员和学生会员，下设16个专业分会，按照不同的会员级别，设定不一样的会费。

重视会员的发展和会费的收缴是我国科技社团走向自立的第一步。目前，会费从绝对数量上来看只占科技社团经费来源的很小一部分。因此，我国也同样可以提高会费占科技社团收入的比重，并努力改进为会员服务工作手段，积极增加服务项目，为会员提供更加多样的服务内容。另外，向会员收取会员费、提高会费在科技社团总收入中的占比，可以促进科协工作重心的转移，科协会设计更多的服务项目为科技工作者提供高效的服务，提升科协工作的凝聚力。

此外，目前我国科技社团团体会员的组成主要是大学、科研院所和政府官员，企业相对较少。因此，我国科技社团下一步的工作重点是，有步骤地规范社团服务领域，扩大服务对象，增加服务方式，提高服务效率。同时，可以建立科技社团绩效评估体系和社会评价体系，定期公布各科技社团的绩效，增强社团的吸引力和凝聚力，团结所有的科技工作者和有知识、有技术的各类人才，让他们加入各类科技组织中来，充实各科技社团的技术和专业实力，围绕党和政府制定的国家科技战略开展活动。同时依靠科技社团强大的科技能力吸引相关企业成员的加入。一方面可以丰富科技社团的成员组成，另一方面也便于产、学、研各方就各自领域的科技发展进行多视角的探讨。

（2）科技服务收入

科技社团以自身优势为支撑，依据宗旨开展学术交流、出版学术期刊和图书等活动，同时提供教育和咨询服务。例如，美国科学促进会（AAAS）的经费主要来源于出版《科学》和《科学85》杂志，仅少部分收入来自会员的会费（每人每年20～35美元，终身会员一次性缴纳400美元）。学会每年都会召开学术年会，与会者需要缴纳40美元的会议费。借助公布的学术年会经费预算，学会筹集所需资金并获得捐赠者的支持。捐赠者将收到学会主席的感谢信并应邀参加年会。学会将节余的款项存入基金，专人管理，包括投资和远期预算。

科技社团可以通过向社会提供服务并收取费用获取收入。例如，美国科学促进会也对其服务进行收费，尽管是非营利机构，但与营利机构不同的是其盈利不能作为红利分配，只能用于支持协会的宗旨及支付专职人员的薪酬。IEEE是一个具有突出经营能力和可观经济实力的专业性国际化社团，每年从会费、学术会议、科技出版、标准制定等方面获得近五亿美元的收入。2016年，英国皇家化学学会从信息咨询服务和商用数据库构建等活动中获得了82.27%的总收入。此外，该学会还委托摩根大通公司管理主要投资并获得收益。德国科技社团充分利用自身品牌优势和学术影响力开展经营活动以获取收入，从而减少对政府资助的依赖，提升了自主治理的有效性水平[57]。值得一提的是，协会的收入虽然免税，但税务审核机构仍有严格的审定制度。香港工程师学会推行社会工作者注册制度，并以专业化服务取得了社会和服务对象的认可，从而获得政府的资助。

（3）政府补贴、津贴以及上级组织拨款或奖励

政府可以采用多种方式对科技社团进行资助。一般可以通过财政拨款、购买服务、免费或廉价提供办公场所实现。也可以通过承担上级组织工作任务而获得收入，或者是出色完成任务获得奖励等。但是，政府补贴只能占科技社团经费收入的一小部分，而不应该让这部分收入成为科技社团经费的最主要来源。

（4）私人社会捐赠

社会捐赠是西方科技社团资金的主要来源之一，这部分资金在国内生产总值汇总占比很高。以美国为例，2019年，美国慈善捐赠总额达到4496.4亿美元，是美国当年国内生产总值的2.1%。然而，我国公众捐赠比例比较低。例如，2018年，中国慈善捐赠总额预估为1128亿元人民币，约占当年GDP总值的0.12%。因此，也可通过鼓励和接受更多的私人和社会捐赠，来促进社团的建设和发展。

5.4.3 清晰界定我国科技社团的行政定位

在遵守国家的法律、法规的前提下，科技社团的性质决定了它必须代表会员的利益，为会员和行业提供服务。它既不是政府，也不是政府职能的延伸。由于历史的原因，我国现有许多科技社团的工作人员来自行政部门，也有一部分工作人员是返聘的离退休人员，他们的观念还停留在行政管理的思路上，需要逐步转变思路，要从以往的“管”企业，转变成为企业提供科技服务。若科技社团自身行政定位模糊，就难以充分体现出第三方社会力量的价值。

此外，我国不少社会团体存在过度依靠领导人脉资源及其社会资源的现象，存在前任政府官员或者退任公务员在科技社团中任职的现象，希望通过这些人的社会关系与社会网络带动社团的发展。因此，科技社团需要

强大自己的科技实力和专业实力，减少对领导人脉资源的依赖，真正担当起第三方社会力量的角色。

相比而言，国外发达国家的科技社团无论在管理方面还是经济方面，对政府的依赖较小，都呈现较强的独立自主性。例如，美国科技社团主要由个人或民间组织发起成立，日常管理都是自行负责，政府不干预其任何管理工作，内部治理方面比较独立，不受外来因素的干预。英国科技社团也是由个人或民间组织发起成立，自创建之初就由普通民众自发组织成立，日常管理和各项活动都是由社团自己独立管理，社团要遵守国家的各项法律法规，制定社团的章程与会员入会标准，按照国家法律和社团章程独立开展各项活动。德国的科技社团与众不同：实行“登管分离”的管理体制。即行政机构负责社团的登记手续，各项登记完成后，行政机构就将各项工作交由社团自行管理，不会过多干预社团的经营行为，政府行使监督职能，由科技社团向政府提交年度工作报告，政府的评估委员会定期进行评估，从而，监督科技社团的工作及活动[57]。

因此，我国科技社团的管理也应该由社团的会员选举产生，被选出的社团领导本身也需要有科技背景、有扎实的专业功底，应成为科技社团的领军人物，是该学术领域的权威，应明确如何通过科技社团的活动，推动本领域的学科发展与行业技术进步，专注于制定行业发展的目标。退下来的政府官员或企业负责人能否担任协会的领导人，主要看其在协会工作的实绩和企业的评价。同时，培育和形成社会团体进入公共领域的渠道和机制，转变其职能，由管理变为服务。

5.4.4 明确我国科技社团的组织结构及功能

我国的科技社团管理采用“双重管理体制”，即由登记管理部门和业务主管单位共同负责科技社团的注册和日常管理。这种双重管理体制在计划经济时期曾有积极作用。随着社会的进步和科技的发展，双重管理体制显现出其弊端，在一定程度上限制了民间组织的成立和发展。从本质上讲，科技社团既不应该是一个行政机构，也不应该是事业单位，而应该是一个科技工作者通过自组织的方式，自愿组成的群众性的、民间学术团体。

由于相当一部分科技社团是由政府职能部门转变而来，或者是由政府直接建立和管理的，因此，这些科技社团在观念、组织、职能、活动方式和管理体制等方面都难以做出完全中立的选择。为了实现有效参与和充分发挥作用，科技社团应在组织体制和运行机制等方面寻找突破点。为了将科技研发投入管理的职能落到实处，我国科技社团应该对其组织进行调整和完善，其中一个重要的方面是将现有科技社团的组织结构规范化。

首先，强化理事会的作用。例如，定期召开常务理事会可以体现科技社团的民主属性，发挥各常务理事的作用和影响。这有利于调动其积极性，提高对学会活动的重视和关注，履行职责和义务，并享受其权利。此外，定期召开常务理事会还可以促进社会民主的推进。建议每半年召开一次。在与美国、德国、日本科技社团的比较后发现，理事会必须是独立自主有效的。理事会应能及时有效地召开，解决社团的事务。社团的理事应以机构的利益为先，主动为组织的发展提供方向。国外的科技社团还会强化理事会的执行功能。理事会小而精干，一般有清晰的组织结构，明确其责权利的划分，执行效率高。而我国的科技社团往往理事很多，但是每位理事投入的时间和精力都非常有限。因此还需要提高理事会的权威性，缩小理事规模。

其次，为确保科技社团正常运营，应注重培养专业化社团工作团队。科技社团的办事机构应制定各项制度和明确工作计划，对所有的工作既有明确分工，又有紧密协作，并建立长效考核奖励机制。同时，加强对专业委员会的规范管理，并探索有效的基层组织结构模式，优化工作模式，提升工作效率，充分发挥专业委员会的作用，以实现组织学术活动和提升服务能力的目标。聘请职业化秘书长和专业化的工作人员队伍有助于塑造科技社团的社会公信力。积极探索有利于科技社团发展和提升科技社团服务能力的活动模式，充分发挥各专业委员会专家群体的集体智慧，使专业委员会成为组织学术活动的核心力量、开展咨询调研服务的主力军。

最后，充分发挥监事会的作用。监事会可以督促理事会按规章制度、社团程序办事。监事会可以制定一系列的规章制度，以规范理事会的权力职责、工作机构、内部治理模式等。此外，监事会可以督促科技社团做到财务审计报告公开、透明、开放。强化对社会团体的财务审计工作，严格监管，使社会捐助、政府补贴以及各种经营收入真正用于为会员服务、为社会公益事业服务。财务必须编制预算，每年要向会员大会报告预算使用情况，协会收入严格纳入预算，规范资金的使用程序和用途。

5.4.5 提升我国科技社团的能力

科技社团在人才、技术等方面具有突出的密集优势，在经济社会创新生态系统中发挥着重要的聚合与促进作用，是科技创新体系中不可或缺的主体。科技社团功能的发挥依赖于科技社团自身的能力建设。科技社团的成员来自各行各业，需要科技社团调动每一位成员的积极性，动员全社会的力量，以实现科技社团的使命和宗旨。由于科技社团的性质是非政府、非营利性的社会公益组织，提供服务成为科技社团生存和发展的根本。因此，科技社团要与众多的服务对象打交道，例如，科技工作者、政府、企业、社会公众等，他们之间构成多元互动的关系（图5-6）[58]。这就需要科技社团具备很强的领导力、创新力和整合力，才能够凝聚各方的力量，整合外部资源和内部资源形成协同力，为众多的群体提供优质服务。

（1）领导力

为了实现组织的使命和宗旨，科技社团必须展示出很强的领导力，才能让多方的力量形成一种聚合力。科技社团的领导力体现在两个方面：第一，科技社团要有清晰的定位，有明确的使命、愿景、价值观以及发展战略和目标，并在会员中广泛宣传，做到人人皆知，形成科技社团的共识。例如，中美两国的科技社团都将促进学科发展、培养科技人才、为本行业科技工作者的发展提供支持作为科技社团的宗旨。然而，中国科技社团更关注贯彻落实国家相关的方针政策和面向公众进行科学的普及和宣传，美国的科技社团则强调影响政府决策和促进公众对学科发展的参与[59]。第二，科技社团负责人的能力水平。理事会是科技社团的领导机构，理事会成员应该是行业内的领军人物，具有一定的权威性和号召力，可以在社团的发展中发挥积极的作用。科技社团的日常运行和管理由秘书长负责，秘书长是科技社团战略计划的执行者，需要有很强的执行力和领导力，才能保证组织的良性运转。除常务理事外，理事会成员一般不直接参与科技社团的日常管理工作，因此，秘书长的领导能力对于科技社团的日常运行更为重要。科技社团的负责人既要熟悉科学技术规律和洞悉科技发展趋势，也应该有很强的执行力，才能够展示出高超的领导力。

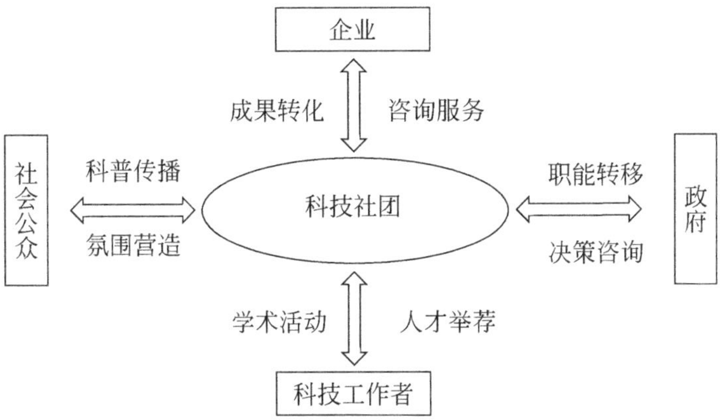

图5-6　科技社团与服务对象互动关系[58]

（2）创新力

科技社团需要有能力搭建高效的交流平台，让新的思想、知识等快速传播，为科技工作者提供更多的展示平台和成长机会，推动科技成果向市场化方向转化。因此，科技社团要打造一个以科技工作者为核心的学术共同体、发展共同体、利益共同体，需要不断从服务理念、组织制度、运行模式、服务项目等多方面进行创新。例如，西方国家的科技社团主导设立了很多重要的科技奖项，在国内外产生了广泛且重要的影响力。我国科技社团也正在进行这方面的尝试，并取得了很好的成效。例如，中国科协推出的“科创中国”工作品牌就是一个非常成功的创新活动，“科创中国”充分发挥了科技社团权威性、密集性的科技治理优势和天然的平台优势，以其自身的创新营造了科技创新创业的发展环境。

（3）整合力

科技社团的全体会员相互分享不同的知识和思想，相互进行合作协同，共享稀有资源，相互间不断互动激发创造力的火花，因此，相比一位单打独斗的科技工作者，科技社团具有更强的能力、更高的研发创造力。整合力就是要协调多方的资源和能力形成一种“1+1>2”的整合协同效应。科技社团建立的基本原则是开放、民主、平等、协作，彼此之间不受刚性的合同约束，具有民间社会组织的显著特征，所形成的社会组织体系是一种弱连接的关系，具有很强大的整合潜能，可以实现跨行业、跨领域、跨部门的整合，形成源源不断的汇聚力，让多方的科技力量不断增强，产生系统性的整合协同效应。科技社团作为一种社团组织，存在与科技企业、科研机构不一样的地方。例如，科技社团将多方力量进行整合形成网状结构，横向联系着政府、学校、科研机构和企业等不同的组织，又将不同的科技工作者连接在一起，具有极强的社会连接功能和更广阔的影响范围，有利于发挥资源整合、知识创造和扩散的优势。因此，科技社团可以利用天然的优势，提升整合力。

5.4.6 研发投入规划管理功能要融入科技社团组织平台搭建

研发投入规划功能可以通过以下途径融入科技社团平台的搭建之中（图5-7）。

（1）建设科技项目立项数据库和信息化的动态专家数据库

为管理科技项目立项数据库，可以有效防止在科学发展研究中重复立项浪费资源等现象的出现。日本设立了“政府研发数据库”，录入了政府财政支持的科技研发的所有项目信息。为了方便对科技预算的管理，科技社团可以搭建和主管这样一个数据库，作为国家科技预算项目的统一信息平台。在对申报方案进行评估的同时，也可通过数据库查询来减少重复立

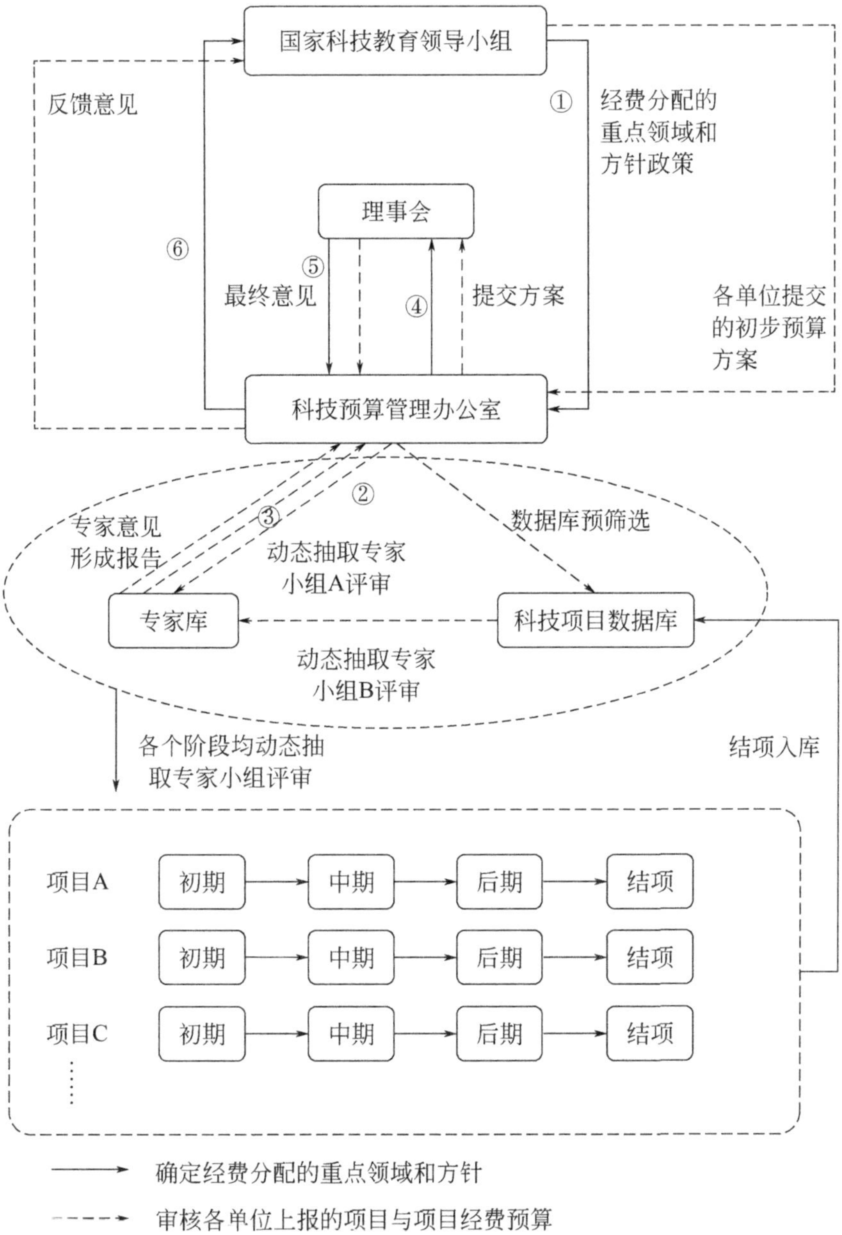

图5-7 研发投入规划管理功能要融入科技社团平台搭建的机制

项的现象，实现科技预算效用的最大化。同时，除了提供基本情况外，数据库还可提供最新的学术信息。此外，可以利用数据库强大的网络体系，为会员和企业解决科技上的疑难问题，并做好调研和统计工作，为政府宏观决策和行业科技发展提供咨询服务。通过这样一个平台，可以实现更好的成果共享、减少重复、促进合作的局面。

此外，还需要建立动态的专家数据库。充分利用科技社团所掌握的优秀人才资源，组建专家数据库，在数据库中收录相关行业的专家信息。在需要组成专家组评审和监督项目预算的时候，随机从数据库中挑选出符合要求的专家。这样一个数据库的特点在于：动态性、随机性和保密性。动态的数据库意味着会随时调整数据库中专家的信息。若因为某些原因，某些专家不再符合专业、独立、公正的标准的时候，将其数据剔除。若有业界或学界后起之秀，可以及时添加进数据库中。随机性意味着任何人都无法确定哪些专家会成为哪个项目的评审，避免了寻租行为的发生。保密性是指评审过程是双盲的，评审专家和项目申报单位之间均不知道对方是谁。通过这样的方式，可以保证科技社团在介入预算管理过程中的公开、公平、公正和独立。

（2）成立“科技研发投入管理办公室”

为了更好地执行科技研发投入管理的职能，科技社团需要在现有执行机构中成立一个专门的部门“科技研发投入管理办公室”。该部门会负责与政府各个部门进行沟通与接洽，组织科技社团的专家进行预算的讨论和意见方案的形成，以及各个时期预算执行情况的监督评审。

在介入国家科技研发投入管理的过程中，当需要科技社团针对新一时期科技经费的分配领域提供咨询建议和报告的时候，首先由科技研发投入办公室组织下辖各相关学会的科技工作者组成项目团队进行商讨和评论或者从建立起的专家数据库中随机选出不同领域的专家，并组织他们进行专题研究。同时可以设计出研发投入规划考评的规则及指标，包括科技投入规划编制类指标、科技投入调整类指标、科技经费执行结果类指标、科技经费执行情况分析类指标、科技投入控制类指标、科技投入执行行为类指标，还可以设计一些需要进行持续改进类指标。得出备选意见方案后交与决策机构商议并最终形成对研发投入资金分配方向的意见报告上交国家科技教育领导小组。

当需要科技社团参与对各单位上报的科技项目申请和科技预算的方案进行评审的时候，项目及预算评审工作由“科技预算管理办公室”牵头，各部门、各学会具体配合，预算评审工作一般通过会议方式进行。

在收到科技项目评审所需的有关项目申报书、项目预算书（调整后的项目预算书）、预算数据表格、预算说明和预算测算依据以及其他与预算有关的材料之后，科技预算管理办公室首先会在已有的科技项目数据库中进行检索。如果高度重复的项目出现，就否决重复设计的项目。若无法确定申请项目是否足够有创新之处可分类拣出后提交专家组讨论定夺。经过初步筛选后留下的项目申请进入第二轮评审。

科技研发投入管理办公室根据专家遴选原则，按照统一的专家使用规范，从相关专家库中遴选专家，按项目所属领域和研究内容组建预算评审专家组。专家组选择需要遵循两项原则：第一，预算评审专家组的人员组成应具有针对性和互补性，一般既要有财务专家、经济领域专家，也要有技术专家、管理领域专家等，财务或经济专家担任专家组组长，以符合科技项目任务及预算支出的特点；第二，每个科技项目的预算评审专家总数不得少于5人，其中技术专家2人、管理专家1人、财务经济专家2人，来自同一单位的专家不得超过2人。

由各专家组成的评审委员组将会对项目的理论及现实意义、可行性进行更加深入和专业的分析。评审专家评议项目预算，来自不同领域的专家从本领域的角度提出评审意见，汇总后形成专家组集体的预算评审报告。首先，专家组组长主持预算评审会，依据预算申报材料，对项目预算的合规性、合理性进行讨论与评价。根据项目专项经费预算规模、预算问题复杂程度等具体情况，在预算评审过程中，可以组织项目答辩，以更加深入准确地了解和分析项目预算。其次，每位预算评审专家独立形成评审意见并填写预算评审专家意见表。最后，专家组组长应对所有专家意见进行综合整理，在充分反映各专家意见的基础上，汇总形成评审专家组的集体意见，填写预算评审报告，并向专家组成员宣布专家组评审意见。

如果评审专家组内部就某些特定问题争议较大，不能达成一致意见，在项目预算评审报告中，应对此进行记录说明，供科技厅进行预算安排决策时参考。将最终的专家组意见报告交由理事会做最终的确定，并将反馈意见交至国家科技教育领导小组。在完成预算的编制之后，得到经费支持的项目须签订科技项目研发委托合同（或合作协议），合同一旦签订即具有法律约束力。研发委托合同明确各方的责任、义务和权益，约定对科研成果的权利归属，避免未来的纠纷。有了委托合同，该项目的支持经费有了来源，项目质量、执行进度和目标实现就有了保障。项目合同还明确了项目负责人对经费预算的编制与执行的责任。

项目进入了执行与实施阶段后，在项目实施的全过程，按照计划与合同的规定，项目承担人定期提交工作报告、商业报告和财务支出报告，汇报科研活动的进度、科研内容和成果以及成果的商业应用价值、财务支出情况等。科技投入管理办公室都会组织专家对项目的进展情况以及投入经费使用情况进行监督和审核，实时跟踪经费的执行情况，及时发现经费使用中存在的问题，分析经费差异并调整投入规划，加强科技经费使用的事中控制。保证计划项目能够保质保量地完成，跟踪项目进度和进展，对项目的风险进行控制。特别是对于重大科研项目，应该掌握项目进程中的每一个里程碑的成果，进行及时评估验证，根据项目实施的评估结果，决定是否调整项目的经费额度或是否需要对项目追加投资。

当项目结束之后，项目负责人要在规定时间内提交结项申请报告，由计划管理机构组织专家小组评审，对成果进行验收，根据验收结果形成结项意见。在项目验收环节，项目负责人须提交经费决算报告，并接受计划管理者或其委托的中介机构就经费使用的合法性、效率与效果进行审计。由科技投入管理办公室组织相关专家成立评审委员会，对经费预算执行结果的合法性、合规性、效益性进行有效的监督，保证科技研发投入项目资金使用的合理性和有效性，避免任何违反法规和科研道德的行为。科技社团中的监督机构可以在整个过程中对决策机构及执行机构的工作进行监督。通过结项评估的项目将被归入科技项目数据库。

第6章

我国科技社团连接政企研的政策建议

党的二十届二中全会通过了《党和国家机构改革方案》，深化国务院机构改革是其中的一项重要任务。十四届全国人大一次会议审议的《国务院机构改革方案》以加强党中央集中统一领导为统领，以推进国家治理体系和治理能力现代化为导向，适应构建新发展格局、推动高质量发展的需要，对科学技术等重点领域的机构职责进行优化和调整，加快转变政府职能[60]。我国将重新组建科学技术部，加强科学技术部推动健全新型举国体制、优化科技创新全链条管理、促进科技成果转化、促进科技和经济社会发展相结合等职能[61]。科技体制是一个国家科技创新活动的组织机构和运行规则，科技体制改革是一项复杂的系统工程，涉及社会各界利益格局的调整，只有立足国家发展大局和科技发展规律，才能够保证国家科技体制改革取得成功。

我国科技研发投入管理存在条块分割、重复分散、效率不高等问题，不利于形成高效的研发网络，这些都会得到改革。根据国外经验，科技社团应该能够在科技研发投入管理体制以及研发网络的构建中发挥重要作用。因此，在加快宏观的科技投入管理体制改革的同时，把科技社团在科技投入管理及研发网络中的作用释放出来，是中国科技发展的当务之急。改革我国政府科技研发投入管理体制，需要结合我国国情进行制度改进，在借鉴其他先进国家经验的基础上，建立符合我国自立自强科技发展要求的、有科技社团及研发网络深入参与的科技研发投入管理体制和运行机制。

6.1 进一步发挥科技社团在科技研发投入管理体制中的作用

6.1.1 科技社团的弱连接性和嵌入性

按照社会网络的定义，科技工作者、科研单位、企业是社会研发网络的节点，科技社团是社会研发网络中的连线，通过社团活动，学术信息、科技咨询等知识流在三者之间交融传递，节点、连线、知识流是构成其社会网络的主要内容。具体从社会网络特性的角度来看，科技社团表现出了弱关系特性和嵌入型特性，从而成为研发网络中不可或缺的组成。“弱关系性”和“嵌入型特性”都是由美国社会学家格兰诺维特[62]提出的，他认为人与人、组织与组织之间由于交流和接触而形成广泛的社会关系，所以，从广义的角度，任何社会人都处于某个或多个社会关系网络之中。这种关系按需求度及交互频率分为强关系和弱关系两种，强弱关系在人与人、组织与组织、个体与社会系统之间发挥着不同的作用。大规模的实证研究表明，不在你核心社交圈里的“弱连接”也会给你带来一些更有价值的信息，或者机会。从创新的角度来看，“弱连接”也可以触发突破性的创意。如果你让平时很少能关联在一起的信息发生连接，就能碰撞出意想不到的新点子。格兰诺维特认为，“强连接”的朋友之间，往往会形成一个成员非常相似的“社会结构区块”，强连接的成员在认知和信息层面有很多的相似性，共享的成分很多，所以，交流起来不容易碰撞出新的、创造性的火花。相反，如果是来自不同社会结构区块的人之间建立联系，就形成了弱连接，而弱连接可以带来新的信息，也会附着更大的价值。

格兰诺维特最先用网络嵌入的方法来研究经济社会现象。他认为，企业或个人固然会进行理性的决策，但无法独立于社会环境之外，而是嵌入于特定的社会结构之中，其行为必然会受到网络中成员的相互影响[15]。“嵌入型的特性”强调的是人们的行为是嵌入社会结构的，嵌入的网络机制是利益交互，当个体通过嵌入网络获得利益时，必然以某种方式回馈社会网络，进而更深地嵌入社会网络之中，而社会网络结构也成为影响人们的行为的重要因素。

科技社团因其会员来自不同行业、领域和单位，具有不同的学科背景和事业环境，具有各自不同的生活经历、经济状况和人际关系，掌握不同的各类资源，但是，大多互不隶属，可以说，科技社团是一个相对松散的专业群众性组织。虽然是科技社团的学术活动及交流联系起科技工作者，但他们之间的联系还是仅限于间或进行的学术交流和间断的而非连续的研讨论证，他们之间的行为互动和情感交流是很少的，交换互惠频率较低，因此可以确定科技社团成员之间是处于一种弱关系的社会研发网络关系。

科技社团中的个体学者与个体学者之间，单位会员与单位会员之间的交流和研讨形成的弱连接关系，多是在科技社团举行学术活动时建立的，复盘这些连接关系之间的建立过程，普遍具有临时性和非强制性。这种弱关系状态，促使了科技社团更好地充当了连接的角色，使成员之间以科技社团为媒介互相交流，推动信息的互换、碰撞和学术资源的获取，也间接促进了成员之间的感情交流，从而在科技研发投入管理过程中发挥独特价值。

同时，嵌入性强调“熟悉”，认为交换行为发生在相识者之间，而不是陌生人之间，信任的获得和巩固的前提是双方长期的交流和共识。按照这个理论可以扩延为，为了促进学术信息和知识在会员之间的交流和互换，科技社团组织了各种学术活动，这种学术交流是建立在团体会员都在相同领域从事学术研发共同点之上的，科技社团的学术交流活动实际上就是在连接从事科学研究及技术开发的科研、创新人员，进而组成了社会研发网络，而这种网络关系的建立和维持，一方面要求科技社团会员积极参与科技社团组织的交流与研讨，另一方面要求科技社团组织的学术活动的质量和水平不断提高。由此可见，科技社团的网络连接特性对于提高学术活动质量、促进会员间的广泛深入交流、树立科技社团形象具有积极的作用。

按照网络组织结构特点和科技社团所具有的社会网络特性，科技社团可以构建符合自身特点和工作实际的网络结构，这样也有利于科技社团更好地在科技预算管理体制中发挥作用。可以将组织结构的建立目标设定为，致力于建立一个为科技工作者提供优质服务、具有较强自我发展能力的高效和灵活的网络组织。

6.1.2 科技社团占据研发网络的结构洞位置

美国社会学家博特（Burt）[16]认为社会网络表现为两种形式：一种是网络中的所有节点与其他节点都发生或强或弱的某种关系，没有出现连接关系空白形成的空洞现象，从整个社会网络来看就是均衡的无洞结构；另一种是社会网络中的某个节点或某些节点与部分节点发生直接联系，与其他节点不发生直接联系，存在节点与节点之间没有关联的现象，从网络系统来看好像出现了无连线空白，称作“结构洞”。博特认为，网络中个体竞争者的优势不仅是资源优势，还包括重要的关系优势，即占据结构洞多的个体，其网络关系优势显著，其他网络节点需要其关系资源时，占据结构洞的个体节点将获得较高的利益回报。

由科技社团构成的社会网络是通过社团组织者以及社团的活动，将组织者与会员、会员与会员有机联系起来。随着科技社团学术活动的开展，会员之间相互认识和了解的程度增强，科技社团网络的连接会越来越紧密。然而，在任何一个科技研发网络，普遍存在部分成员间关系密切和部分成员间关系疏远的现象，一部分科技工作者之间或工作地点同属一个地区，或在同一纵向管理体系中，因而联系非常紧密；而另一部分科技工作者之间的联系又相对淡薄，甚至没有机会进行直接的沟通和交流。因此，在科技社团连接起来的学科研发网络内部存在着关系空白——结构洞现象。另外，由于条块分割、学科的限制以及门户的偏见，科技社团与科技社团之间一般均没有直接的联系，明显存在着整个社会科技研发网络的结构洞。结构洞的存在阻碍了科技社团内部科技工作者之间以及科技社团之间的学术交流，使某一科技社团的学术信息及知识成果很难在社会科技研发网络间充分地流动和扩散，造成科研成果及学术信息分布的不均衡，容易导致形成对科研学术信息资源的垄断，从而妨碍了科技信息及创新知识成果的扩散。社会研发网络的结构洞特性启示科技社团要保持优势和利用优势，积极地开展学术交流活动，主动担当学术媒介，尽力填补社会研发网络的结构洞，吸纳隶属于不同群体的会员，并与无关联的社团建立联系。

6.1.3 科技社团提高了社会研发网络的效能

科技社团是一个由共同兴趣和目标的科技专业人士组成的组织，他们可以通过交流、合作和分享知识来促进创新和研发活动。科技社团提供了一个平台，让科技专业人士能够建立联系、分享经验、协作研究项目，并共同解决研发过程中遇到的问题。这有助于增强研发网络的互动性和合作性，提高研发效率和成果质量。此外，科技社团还可以为研发人员提供培训和教育机会，帮助他们不断提升技能水平和专业知识，从而进一步促进研发网络的有效性。

从社会网络的视角来看，科技社团、政府、产业界与学术界共同组成了庞大的创新网络与研发网络，组成网络的各个主体（节点）的位置、主体之间的关系以及网络的结构对整个网络的运行、发展与绩效产生影响，因此，通过研究科技社团在整个关系网中所处的节点位置以及与其他节点的联系，能够更好地理解其在网络中的地位与发挥的作用。

在研发网络中，不同研发行为主体之间的互动呈现网络化特点，各网络节点之间同其他网络节点之间既有直接的交流，也有间接的沟通与交流；既彼此有来有往，也有链式的传导式交流。正是这种网络化的交流和互动过程促进了科技知识创新信息在全社会研发网络的循环扩散和有效应用，验证了科学技术研发不是独立的事件或科学研究单位、技术开发企业或政府主导的孤岛行为，而成为一个社会过程。科技社团由于其多样化的会员背景与广泛的合作关系，在研发网络中占据着关键的结构洞位置，发挥着重要的中介者、桥梁与跨边界组织的作用。

6.1.4 科技社团是政企研的纽带和桥梁

从科技社团自身看，其与科技投入管理体制有许多天然联系，科技社团能够通过发挥自身的特殊优势，在科技投入管理体制的总体架构中找到自己的适当位置，并推动科技投入管理体制的持续建设和不断完善。具体来说，科技社团对国家科技投入管理体制的作用体现在以下几个方面。

第一，科技社团可以在国家科技投入管理机构与科技研究之间发挥桥梁作用。科技社团是由科学技术人员组成的，作为一种最广泛的社会网络和柔性组织，一方面，它存在和贯穿于一个科技投入管理体制所有组成部分的主体之中，与各主体密不可分；另一方面，科技社团在科技预算体制中的独立性，有助于科技预算管理体制中各主体之间的交流与沟通，特别是在推动政府各部门之间的衔接与合作方面，具有不可或缺的连接组带作用。

第二，科技社团是促进政府建立与公民之间联系，转变职能的重要力量。成熟完善的科技社团能够承担起部分原由政府承担的服务职能，从而有助于政府部门专职公共管理职能，将社会活动社会化，推进政府运行模式改革。在我国走中国特色社会主义道路、建立政府高效运作、社会和谐协作的过程中，科技社团以其社会团体的性质，可以有效发挥上通下达科技工作者的意见、促进科研工作者“科技向善”的行为默契、为科技领域的国家公民提供服务等方面的作用，势必会更加有力地推进社会中坚公民的成长，把社会力量凝聚到科技研发投入管理上来。

第三，科技社团能够形成科技工作者的合力，更好地服务于政府科技开发投入管理的目标任务。作为社会覆盖面宽广、拥有深厚群众基础的组织机构，科技社团在科技预算方面无疑也具有巨大的天然优势，完全有能力团结和依靠广大科技工作者，充分发扬他们自主创新的主人翁精神，带动和激发全民的创新精神，营造群策群力的文化氛围，为国家科技发展做出应有的贡献。

第四，科技社团在科技投入体制中的作用发挥符合科学发展观的要求。基于学术交流、研究开发成果报告、自愿结合而成的非营利性科技社团，恰好是当今普遍功利化的社会大环境中依然能够最大限度地创造和维持这种“地位超脱、客观公正”氛围的组织机构。因此，在纯粹追求新认知的非营利性社团组织环境中，其对科技发展的方向判断更为准确，更加符合我国改革发展的客观需要。

从全球的范围看，许多科技领域的创新基本发展方向和重要问题都是在科技社团的主持下和参与中得以明晰起来的。这一方面是因为科技社团的高度专业性和跨国界的影响力，另一方面也是因为它的无私利和客观公正性。准确把握自主创新的基本方向和重大问题，对一个国家的经济社会未来发展，无疑具有重大的战略意义。而这类把握重大方向的问题，一方面具有跨学科多领域综合的特点，另一方面也会对相关利益群体产生重大影响。作为有能力综合多专业跨学科知识，同时又能够做到利益超脱的只有科技社团。所以，科技社团可以在这个方面发挥其重要功能。

第五，科技社团是我国在科技投入管理方面开展国际合作与交流的重要桥梁。科技社团的一个重要作用，就是在科技预算管理方面架设起了一座通向国际合作与交流的通畅桥梁。科技社团作为专业共同体的专业特性，不同于政府机构的灵活多元的柔性形式，比较好地适应了这个发展趋势。所以当前国际科技领域乃至众多产业领域内的交流与合作，很大一部分都利用了各种科技社团的渠道，从而在国与国的同行与同行甚至非同行之间架起了沟通与合作的桥梁。随着全球一体化趋势的发展，我国科技预算管理越来越受到全球科技发展环境的影响，一些跨国科技合作项目屡见不鲜，因此，通过科技社团在科技预算管理方面开展国际合作，有助于我国科技投入发挥更大的效用。

6.2 改革我国科技研发投入管理体制，把科技社团纳入相关管理系统

科学技术投入对于一国科学技术持续发展、产业升级及经济安全的重要性不断提升，不少国家加强了对科技研发投入的集中管理，即从国家安全的角度，统筹配置科学技术开发资源、政府集中管理科技研发预算等。值得重视的是，从国外发达国家经验看，科技社团均在科技投入体制中发挥了重要作用。因此，党中央高度重视科技社团的作用，在顶层设计上给予科技社团越来越多的关注和重视，将各类社会组织纳入国家治理体系。党的十九大报告明确了社会组织是新时代国家治理体系的重要主体和参与各项建设事业的重要力量。为进一步提高我国科技投入的使用效率和效用，改革当前我国的科技投入管理体制，把科技社团的作用充分调动起来，是当前我国科技研发投入战略改革发展的首要任务。

6.2.1 把加强集中协调和宏观调控作为我国研发投入管理体制改革的重要原则

近几年，西方科技发达国家对科技研发投入管理进行了调整和改变。总的调整方向是，从多部门参与科学技术研发投入管理，转变为国家集中管理科学技术研发投入；从多层次分布管理权限，转变为宏观统一调控、编制科技研发预算，统一管理相关经费使用，禁止以合作等的形式向外溢出政府支出的科技研发经费。

我国虽然成立了国家科技教育领导小组，但是，各地方、某些管理部门依然保留科技开发预算及课题经费审批职能，科技部编制的本部门的科技预算，在全部国家科技研发经费中只占一部分，科技部没有权力影响整个科技投入的编制和调整，财政部在进行综合平衡时基本不打破现行框架。各省市、各部门科技预算编制和分配缺乏集中规划及调整，这种现象不仅会导致各部门对利益分配格局的追求和博弈，导致科技研发资金分配和执行中的重复浪费和布局缺失并存，也不利于政府通过科技研发投入管理实现对国家科技活动的宏观调控。党的十四大以来，我国推进科技管理体制改革的精神是，在国家层面，加强对科技发展至关重要的研发统一管理，以发展自立自强的科学技术体系为导向，改革科学技术研究开发投入的治理体系和使用监控体系，使科技投入的使用实现充分、高效的目标。

如今，《党和国家机构改革方案》提出重新组建科学技术部。新组建的科学技术部会在强化科技研发及创新的战略规划、体制改革、资源统筹、综合协调、政策法规、督促检查等方面发挥重要的引领和统帅作用，这一系列的措施会进一步深化财政科技经费分配使用机制改革，完善中央财政科技计划执行和专业机构管理体制[63]。国家科技研发投入规划和调整是直接反映国家科技政策和国家发展战略变化的重要工作，并对全社会科技活动产生巨大导向作用。因此，借鉴国外做法，根据我国政治体制和财政体系特征，把加强集中协调和宏观调控作为我国科技研发投入管理体制改革的重要原则，全盘设计、建立和完善合乎我国特色的科技研发投入规划编制和调整的调控方案，充分发挥科技社团的重要作用，已经成为非常迫切的改革任务。

6.2.2 把科技社团纳入科技研发投入管理体制的整体架构

加强集中协调和宏观调控，需要在政府各部门之上成立国家科技研发投入协调机构，从国家整体利益出发统筹考虑科技研发资金投入问题，并协调政府各部门之间存在的部门利益、重复分散投入等问题。把科技社团纳入科技研发投入管理体制后的整体架构如图6-1所示，科技社团作为中立的科技咨询意见提出部门，在整个科技研发投入管理体制中发挥着重要的平台作用。

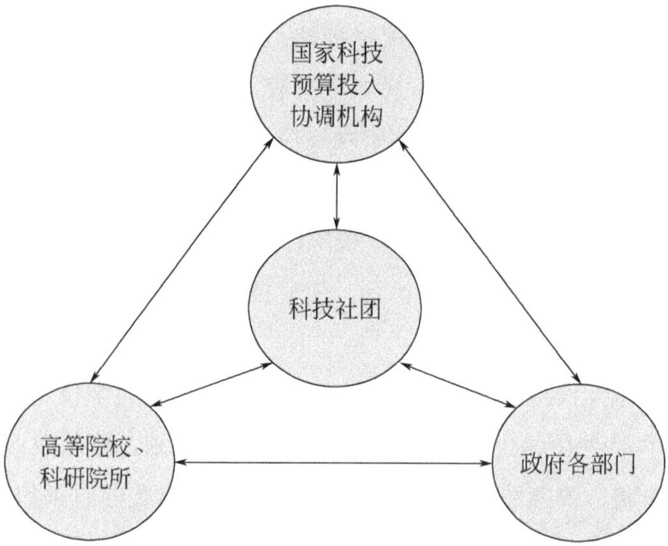

图6-1 科技研发投入管理体制结构模型

第一，国家科技研发投入最高协调机构要听取科技社团对我国科技发展战略及科技投入重点领域和重点方向的意见，从这些意见建议出发研究提出国家中长期科技投入发展战略和阶段性科技预算投入重点，并向社会发布。

第二，政府各部门从各自不同领域听取各专业科技社团对该领域科技发展策略的咨询建议，研究提出本部门的科技研发资金投入的重点领域，制定本部门的科技经费分配方案。

第三，高等院校、科研院所应肩负收集国际前沿科技发展动向，评估我国科技基础水平的信息，通过科技社团这一平台，对国家整体科学技术发展路径、各不同科学技术领域的研发投入等提出建议；高等院校、科技院所的科技工作者也可以个人身份，发表对国家科技预算的意见。

通过以上三个方面的沟通协调，国家科技研发经费投入协调机构在和政府各部门、高等院校及科研机构充分沟通的基础上，形成较为清晰的科技预算投入导向意见，政府各部门根据这一导向意见提出各自的科技预算投入计划并推动实施，在这一过程中，科技社团发挥监督作用。在科技研发经费的执行环节，科技社团发挥第三方的中立作用，提出科技项目的评审意见及下一步科技投入的建议。

6.3 逐步向科技社团转移科技投入管理中的部分政府职能

科技社团成员具有较高水平的科技学识和丰富的研发经验。以中国科协所属的211个全国性学会为例，科技社团在接受政府科技预算相关职能转移方面具有突出优势。第一，专家云集，具有学术权威性。学会聚集了各科学技术领域最优秀、最资深的专家学者，人才专业水平顶级。第二，积淀深厚。在我国，百年之前就成立了现代自然科学方面的学会，至今已近一个世纪，通过成员学者的前后承继，积累了社团活动交流的丰富经验。第三，多学科交融。有的科技社团具有跨行业、跨部门和多学科的组织网络优势。第四，规范运作。我国科技团体都是注册登记的独立法人，严格遵守社团活动法律规范，是社会群众组织的楷模。第五，国内外广泛交流。我国科技社团与国际上的科技组织具有稳定、良好的合作关系。第六，科技社团属于非营利组织，比较而言，具有客观公正性和超脱的社会地位。这些优势和特点，决定了科技社团在承担政府部分科技预算职能方面有先天优势。

伴随着科技社团组织力量的日益壮大，欧美发达国家已将部分政府服务职能交由科技社团承接，以推进科技创新和提升全民科学素养。例如，英国的科技社团积极拓展服务范围，使自身影响力不断增强，独立运作并承担责任，政府加强监督管理并对绩效进行独立评估。美国政府通过出资购买公共服务事项，如非教育服务和医疗卫生服务等，将其转移给有资质的科技社团负责，与社团形成良好的合作关系，有力推动了社会团体承接政府职能的实践。例如，“美国科技社团以‘合同’的形式与政府签订协议，承接部分政府职能，从而减轻政府负担，并以此获得政府资金支持。与此同时，政府的税收优惠政策增加了科技社团的相对收入，减轻了科技社团的财政负担。据统计，联邦政府每年对科技社团税收优惠高达445 亿美元；科技社团通过承接政府项目以获得专项经费，主动争取政府的项目经费”[64]。德国对科技社团资质审查非常严格，对其组织架构、服务能力、专业素养等都有明确要求。目前，满足政府要求的科技社团多为专业学科交流组织机构，他们承接了国家的很多科研任务，极大推动了德国科技的创新发展[60]。

近年来，随着我国不断深入进行的科技管理体制改革和政府职能的逐步转变，科技团体逐步尝试接受政府职能转移，取得了一定经验和实际成效。但是，在科技投入管理方面，部分政府部门对政府职能向科技社团转移存在种种顾虑，科技投入规划管理方面的职能鲜有科技社团的参与。基于经济学基本原理，在科技投入管理体制中，一些本应由社会团体承担的职能如果交由政府负责，则会出现经济效率不高的情况，因此，在科技投入管理体制中，一些政府职能需要逐步向科技社团移交。

6.3.1 政府职能向科技社团转移的具体内容

近年来，国务院逐步取消和调整行政审批项目，这些被取消的项目或职能，大多改由社会团体或中介机构承担，其中主要包括技术审查、资格认定、资质审批、奖项评审、等级评定等。根据中国科协2003年学会改革专题调研结果，对科技社团应该而且可以承担的政府职能，科学家、科技社团负责人和专职人员认同程度较高的主要集中在以下方面：科技奖励；专业技术资格评定；科技人员培训和继续教育；技术鉴定和论证；技术标准（规范）制定；成果评审；科技评估；发展规划咨询论证；立项可行性评估和技术事故鉴定等[65]。将上述职能进行归纳，结合我国科技预算实际，可以将应该转移的政府科技预算职能分为四大类：科技研发投入评价、科学技术研发人员评价、科技研发项目立项可行性评估和科技成果的评审、发展规划咨询论证。

（1）科技研发经费评价职能

科学技术研发投入评价是科技投入管理体制的重要组成部分，是提高科技研发投入准确度，促进科技研发经费使用合理化，优化科学技术资源配置，保障科学技术研发有序进行的重要手段。科技投入评价是指受托方根据委托方明确的目的，按照规定的原则、程序和标准，对研发资金分配以及相关事项所进行的论证、评审、评议、评估、验收等活动，包括科技预算计划、项目、机构和成果等方面。评价委托方、受托方及被评价方是科技投入评价工作的行为主体。

目前科技投入评价中的突出问题，是缺乏符合要求的第三方评价机构。要确保科技投入评价的真实客观，急需发展专业的评价组织。这类组织应同时具备以下要素：第一，法律上应该具有法人资格，能够承担法律责任；第二，保持客观、中立，是不以营利为目的的非营利组织；第三，具有学术或行业权威性，在业内具有一定权威性和认同度。以此衡量，我国现在参与科技投入评估的主体中，行政部门、专家评审委员会、一般团体，均不具备其中某一项或两项条件。但目前我国现行科技投入评价活动中，科技投入规划还是由政府负责，政府根据需要直接召集科技工作人员进行评价，科技团体的作用没有受到应有的重视。因此，应在包括科技预算计划、项目、机构、成果的科技预算评价活动中，进一步发挥科技社团的作用，以增加研发投入评价活动的公开性与透明度，保证评价工作的独立性和公正性，评价结果的科学性和客观性。

（2）科学技术研发人员的评价职能

科技社团参与科技研发投入管理体制离不开广大科技工作者的参与和支持，而科技工作者的评价职能对于科技社团的自身建设至关重要，这项职能的缺失会在很大程度上降低科技社团的吸引力和公信力，在科技预算管理体制中难以发挥更大作用。科学技术研发人员的评价工作，一直是广大科学技术研发人员关注的焦点问题之一。

当前，科技人才评价问题，突出表现在职业资格评定、执业资格国际互认等方面。科技人员的职称对应收入水平和社会影响力。我国传统的职称制度，重科研发表，轻科研成果转化及应用。为此，科技研发人员耗用大量的时间和精力为职称评定发论文，凑资料，极大地影响了正常有序的科技研发工作。大力推行职业资格制度，推动采用科学化、社会化、专业化的评价模式，是关系科技工作者切身利益，关系科教兴国战略和人才强国战略能否落实的核心问题，是具有紧迫性、全局性的突出问题。为进一步强化科技社团建设，吸引更多的优秀科技工作者加入科技社团，服务于科技预算管理体制，建议将目前由政府相关部门的科技工作者评价职能赋予科技社团。

大多数国家的经验，是通过国家、行政部门和专业团体三个层面来实施职业资格制度，包括职业资格相关的立法管理、行政管理部门的宏观协调和专业团体的评价认定三个层次，这三个层次分别执行不同的职能，互为依托，不可或缺。从国际情况看，由科技社团承担职业资格的具体管理工作是可行的。建立社会化的评价机制是发展职业资格制度的根本保障。因此，当前我国推行职业资格制度的核心问题之一，是解决专业团体“缺位”问题，行政部门应退出微观层面的管理，在宏观管理、规范和监督方面加大力度。

（3）科技研发项目立项和科技成果的评审职能

科技研发投入资金分配的基础是众多领域科技项目的立项评审和科技成果评审，只有广泛参与科技项目立项和科技成果评审工作，科技社团才能够在国家科技预算编制过程中出具专业性、指导性、客观性意见建议。因此，科技项目立项和科技成果评审职能应逐步由政府转移给科技社团。目前，科技项目的立项评审和科技成果评审主要由政府机构召集专家学者进行论证，这种方式不利于立项和成果评审工作的客观公正性，极易受到个别专家学者的主观认识影响，并且易于诱发学术腐败问题。相对而言，交由科技社团承担该项职能，能够充分发挥广大科技工作者的群体智慧，发挥科技社团在专业知识上的优势。同时，作为具有专业知识的中立机构，科技社团出具的评审意见更为客观中立，从而提高科技项目立项和科技成果评审的科学性、公平性和合理性。

（4）发展规划咨询论证职能

科技社团是党和国家发展科学技术事业的重要社会力量。当前，政府可以将跟踪国内和世界先进水平，促进学科成长和发展及促进科技与经济相结合的两个方面的研究职能转给学会，并向学会购买服务。目前，我国的科技社团经常就国家经济、技术发展中重大问题，发展中的难点、热点问题组织专业研讨，为领导部门提供决策咨询和建议；科技社团也经常组织成员单位为企业的技术创新项目提供研发支持；在国家、地区、大型企业集团的技术经济发展规划制定时，科技社团有人力资源条件参与咨询论证，进而为社会的生产力发展提供科学方案。为此，加强科技社团的能力建设，组织和动员专业技术力量开展发展规划咨询论证，有利于更有效地发挥科技研发投入的针对性，为在科技研发投入管理体制中发挥作用，提供支撑。

6.3.2 实现政府职能向科技社团转移的基本方式

政府在科技研发投入管理方面的部分职能转移问题覆盖面广、牵涉问题多，是一个复杂的系统工程，应统一领导，周密安排，注重协调。作为社会“第三部门”主体的科技社团类型多样、功能复杂，在经济社会发展中产生的作用相差很大，一些组织将在未来社会扮演传统政府扮演的某些角色，发挥传统政府发挥的作用，而更多的组织仅仅是因具有兴趣、爱好、年龄等共同特征形成“小团体”，因此，政府职能向科技社团转移必须稳步、有序进行。

从我国经济社会发展要求、政府职能转变需要、科技社团自身功能与发育程度分析，政府在科技投入方面的职能向科技社团转移应统筹安排，稳步实施。在转移过程中，应全面分析政府科技投入管理职能中，哪些属于政府大包大揽，管了原本应由社会组织承担的职能。比如科技投入规划的评审职能、科技人员评价职能、科技项目评审职能等，这些本来就更适合由社会科技社团承担的职能。由于科技社团的常设机构相对简单，因此，相关政府职能不能囫囵交付，科技社团应在调整组织机构及部门任务的条件下，成立专门的机构，建立科学的流程及相应管理制度，避免只是承担单位变了，评价模式仍然延续原来的做法。在上述意义上，职能转移，不是科技社团从行政部门简单获取某一方面的科技研发管理职能，而是让政府部门和科技社团都履行自身职能定位，回到正常、健康状态。

因此，在职能转移过程中，要根据不同科技社团的特点，通过立法、行政分权等方式，循序渐进、稳步推进、分步实施。应选择部分类型的社团和部分职能，重点突破，以点带面，逐步展开。实践中，存在少数科技社团忽视其他行业利益、实行行业和地方保护等倾向，因此政府要行使监督管理的职能，加强包括舆论监督、法律监督、财务审计等在内的外部监督。有关部门应改变直接管理科技社团的传统做法，通过规范法规建设，监督、引导科技社团的组织建设及科技活动，鼓励科技社团积极参与承担政府职能转移，切实履职。

由于实现依法治国是一个长期的战略任务，在短期实现政府职能转移严格意义的法定化存在一定困难，可以通过行政分权将部分政府科技预算职能转移到科技社团。具体方式：一是通过行政委托将部分属于政府的科技预算职能转由科技社团行使，但职能依然归属于政府，待时机成熟再通过立法将不应由政府保留的职能转移到科技社团；二是政府通过调整职能以某种文件形式将某些不应由政府机关行使的科技预算职能划转到科技社团；三是通过职能结构的分解与职能运作方式的改革，将某些科技预算职能按照运行的不同环节，分别交由政府机关、科技社团等，通常情况下政府掌握决策及部分调控职能，执行及监督、评价职能交给科技社团，如通过职能结构分解，政府掌握科技预算总体的投入领域、分配原则、方式等，而科技战略的咨询、科技预算的评价、科技成果评估工作则可交由科协、社联等组织。

6.3.3 向科技社团转移政府职能的相应准备

政府在科技研发投入规划方面的部分职能向科技社团转移，需要具备一定的条件才能确保职能转移的顺利开展，并有益于科技投入质量和科技投入效率的提高。首先，需要完善法律法规支撑体系。法治环境是影响科技社团发展的最重要条件。在科技社团接受政府科技研发投入规划及管理的职能转移时，相关法律法规的制定应当先行，划清政府与科技社团所承担职能的边界，既明确规定政府的职能，同时也明确科技社团的职能。目前，适用于科技社团管理的专门法规有《社会团体登记管理条例》（1998年修改颁布的版本）、《民办非企业单位登记管理暂行条例》（1998年）、《基金会管理办法》（1988年）、《外国商会管理暂行规定》（1989年）等法规，这四个法规构成了现阶段我国科技社团登记管理法规的基本框架，再加上《中华人民共和国宪法》《中华人民共和国公益事业捐赠法》和《事业单位登记管理暂行条例》，另外，还有一些部门科技社团管理的规章和一些地方性法规政策，这些也充实了我国科技社团管理的法规体系。这些法规基本上构成了当前科技社团的主要法律、法规环境。

我国在科技社团相关法律法规政策环境方面存在的主要问题包括：法律法规的体系化不够，宪法、刑法、民法之中都有对科技社团管理的规定，法规条目多侧重于登记程序，缺乏规范科技社团基于非营利、公益性特性运作发展的内容。在国家层面，还需要一部对科技社团进行规范和专门管理的法律规范；另外，我国政府的各部门之间缺乏一致性，地方性法规缺乏稳定性和具体规范，在具体的执行标准上有很大的弹性，给执行的随意性留出了空间。总体看来，要推动政府科技预算管理职能向科技社团有序、有效地转移，创造有利于科技社团健康持续发展的法规环境，为社团发展提供法律支撑，是战略性和根本性的措施。

其次，政府对科技社团的培育和扶持。与国外运作成熟的科技社团相比较，我国科技社团发展尚不成熟，需要为科技社团提供较大的发展空间，在相关法律规范体系化的基础上，应注重培育和引导。政府应在以下方面给予扶持：减免科技社团用于公益性事业发展的经营性活动税收；完善科技社团接受社会、海外捐赠的法律规范，推出针对性的激励政策，规范捐赠行为，明确捐赠方向，使科技社团形成多渠道的资金来源，《中华人民共和国公益事业捐赠法》规定公益事业的捐赠者可以享受税收优惠，但缺乏操作性，应制定可操作的实施细则。

最后，加强科技社团的能力建设。科技社团能否依照相关法律和社团章程不断完善组织，优化运作模式，提高活动质量是科技社团是否成熟的标志。因此，科技社团应进一步探索和完善适应国家新时代发展自立自强科技发展战略要求的管理制度，创新活动模式，服务广大科技工作者，搭建科技交流及科技成果扩散的平台，不断增强自主发展能力，为承接政府科技投入管理职能，高效、优质完成相应工作创造条件。

6.4 强化科技社团对科技工作者的凝聚力

尽管近年来我国科技社团得到繁荣发展，但是相对于国外发达国家，我国科技社团的发展还处于初级阶段。进一步加快培育和发展科技社团，通过较强的利益组带把科技工作人员组织起来，是科技社团在科技研发投入管理体制中有效发挥作用的重要举措。

6.4.1 健全和完善相关法律法规和制度

如果立法跟不上，科技社团就无法顺利、规范地发挥其科技预算管理的职能。社会团体是自组织运行的社会微观组织，社会团体的行为受相关法规的规范和约束，社会团体的各种权益也受到相关法规的保护，法律规范不仅规范了社会团体的行为，也规范了与社会团体内外相关方的行为，进而建立起良好、有序的社会运行体系。作为典型的社会团体，科技社团对外有与政府和其他社会组织的关系，对内有与团体会员的关系，在法律的框架下，科技社团才能与科技工作者保持良好的关系，进而助力科技研发。例如，在香港，与科技社团相关的专门立法先行，20世纪70年代，香港就用“政府服务白皮书”规范政府与社会团体之间的“伙伴”关系，明确政府与社会团体共同负责社会服务，社会团体也承担非政府机构应当承担的职能。相比较之下，内地的社团官气有余，社会性不足。在200多家协会中，有些协会是从政府部门转型而来，协会的主要负责人基本由退休的同等级别官员担任。无论从组建过程还是从协会的运作来看，政府主管部门一直保持对协会的直接管控，例如，由政府部门牵头编制协会规划；通过政府的文件和行政渠道征集会员、明确协会的职能，协会成员的活动自主性受到限制。因此，想要促进科技社团健康、持续发展，并在国家科技预算过程中发挥重要的作用是一项艰巨、复杂的系统工程，除了上述论及的科技社团自身的调整和完善之外，还需要政府的整体规划、分步实施、有序推进。

为了使科技社团成为具有发展能力的社会组织，需要科学界定政府在科技社团发展与改革中的角色，这样，科技社团才能以独立、客观的身份实质履职，有效参与。加快制定社团法的工作，赋予科技社团相关法律地位，科技社团才能承担相关职能，才能顺利完成政府部分职能向科技社团等组织的转移。具体形式：一是通过制定有关科技社团的法律法规，直接赋予科技社团某些过去由政府行使的职能；二是通过制定、修改政府组织法，将部分政府不应继续承担的科技预算职能转交科技社团；三是借鉴实施大陆法系的欧洲国家模式，建立“公法社团”制度，赋予科技社团行业性、职业性“公法社团”地位，使其具有行政主体法律地位，依法承担相应职能。由于我国法律体系可以划入大陆法系范畴，上述思路具有可行性。

保障科技社团生存和发展的合理空间，规范科技社团的活动，也要通过健全和完善法律法规和制度来实现。我国应积极创造有利于科技社团健康发展的政策环境，把对社会团体和社会群众性组织的管理纳入法治轨道。在社会选择模式下，政府的重要功能应该是提供法律，制定普遍性的行为规范。科技社团是社会民间组织，但其内部组织关系、财产关系是民间的签约无法调整的，因此要求政府通过完善的民事实体法加以规定和制约。健全社团相关法律法规也是维护其合法性、独立性和组织权益的基本要求。当然，建立健全相关法律体系并不是说政府可以放任不管。科技社团之间，或者科技社团内部发生矛盾、冲突时，作为社会公共利益代表的政府应该进行调解和仲裁。

科技社团相关法律法规应当包括以下内容。

第一，《中华人民共和国社团法》。社团法中对科技社团的法律地位和社会角色、科技社团的职能与作用、科技社团的权利和义务、科技社团的活动范围、科技社团的监督管理等都会予以明确。社团法应基于社会有序运作的目标定义社会团体的角色和利益，使社团有法可循，依规组织社团活动，最大限度实现自身的使命和任务。科技社团作为社会团体的一种形式，虽然具有自己有别于其他社团的职能及组织形式，但是，其权益完全可以受到社团法的保护，可以避免由管理部门的不同政策解释而产生的歧义，进而扩大了组织的自主性和活动空间。

第二，完善《社会团体登记管理条例》。为了便于对社会团体进行管理，社团登记管理条例对会员人数、资金、专职人员等都有详细的规定。但是，作为一种学术组织，有些领域的科技工作者的数量较少，资金规模也小，难以满足社团登记管理条例的注册要求。还有，在某些科学技术领域，先成立的科技社团隶属某一纵向行政系统，其他纵向行政系统的同业科技工作者难以融入，社会团体登记管理条例又不允许在同一行政区域内成立专业相同的社团，导致有些科技工作者游离在专业的科技社团之外，失去与同业科技工作者交流的机会，失去了一个获取重要的技术发展前沿信息的渠道。因此，社团团体登记管理条例应为科技社团降低注册的条件，凡是单纯的以科学技术交流、研讨活动为主的社团，应当允许其成立，应取消科技社团专职工作人员限制，允许同一行政区域的同一专业领域注册成立多个科技社团。

第三，完善《中华人民共和国预算法》。自1994年颁布《中华人民共和国预算法》以来，我国政府的预算行为被置于法律的框架下，在预算规范化、严谨化方面，预算法的作用显著。从1994年至今的20多年，是我国社会经济发生巨变的20多年，随着国家管理体制改革的深化，随着科技社团发展逐渐走上正轨，我国的预算管理体制也将面临改革与完善。其中，应将科技社团的客观评价与科学论证引入科技研发预算的管理体系，建立科学家、科技工作者参与科技预算的决策机制，提高预算的科学性与准确性；还应建立国家科技预算项目的统一信息平台，以形成一个成果共享、减少重复、促进合作的局面。

总体来说，政府应充分认识科技社团人才济济、科学素养高、客观高效的特点，将科技社团作为政府社会管理及社会服务的“伙伴”，由科技社团承担科技研发投入预算评估及论证的职能，实现国家科技资源最优化配置和最有效利用。

6.4.2 加强监督与评估

目前政府对科技社团管理仍然多用直接管理、直接干预的方法，对科技社团的监督也存在非规范的、突击式的现象，导致科技社团往往要打乱常规性工作，集中人力及资源配合检查，实际上影响了科技社团的健康有序发展。政府应依据法律规范对科技社团进行管理与监督，应避免干预式指导，立足促进及辅导，为推进科技社团在科技预算管理体制中履职和发挥作用创造宽松环境。

首先，建立科学有效的监管目标。承担社会管理职能的政府应明确监管目标，即保障科技社团活动与政府追求社会繁荣发展，社会效益最大化的最终目标一致。在这个目标下，政府对科技社团的监督应遵循法律法规，依法监管，有限监管。做到管理标准公开、监管程序规范，管理模式科学有效，坚持以科技社团的自我检查和自我纠正为主，坚持以预防重大问题发生为主。只有建立科学、有效的监管目标，科技社团的行为才能自觉与政府的工作相互配合，建立和谐的政府与社会团体的关系，政府才能降低监管资源消耗，对科技社团实现有效监管。

其次，改革完善科技社团管理体制。目前，依据《社会团体登记管理条例》《民办非企业单位登记管理暂行条例》和《基金会管理办法》，我国对科技社团等非营利组织实施了“分级管理、双重负责”的管理体制，所谓“分级管理”是指由民政部负责全国性社团的登记、管理，由地方政府的民政部门负责地方性社团的登记管理。“登记机关”和“业务管理部门”均对相关社团负有“审查”“管理”的责任。在双重管理体制下，科技社团的设立、登记、活动要经过重重审批，级级闯关。社团成立先要向主管部门申请审批同意，然后向地方民政部门申请注册，经严格审查符合相关社团成立要件才能准予登记。不论是主管部门还是地区性民政部门都深知，审批登记的社团一旦出现违规行为就是自己的责任，因此，两级职能部门均严控严管，随意提高审批、登记标准。同时，还有许多跨行业、跨地区社团根本找不到主管部门，难以合规完成注册登记。改革科技社团管理体制的方向是，降低社会团体登记、注册的门槛，在完善法律法规的基础上，制定具体、可衡量的社团活动规范。政府应改变直接管理模式，以司法机关及仲裁机构为支点，利用经济手段和财政税务手段，间接管理监督科技社团，促进提高科技社团的自组织能力，鼓励科技社团把追求社会效益放在第一位，鼓励科技社团坚持良性发展、协助政府完成科技研发投入管理。

6.4.3 充分发挥科技社团在政府研发投入规划与科技工作者之间的桥梁作用

科技社团相对于单个科技工作人员来讲，在科技投入管理体制中具有更为重要的作用，但是，科技社团在科技研发投入管理体制中作用的发挥高度依赖于科技工作人员。在科技研发投入管理体制中，科技社团充当了政府科技投入规划制定和管理部门与科技工作人员之间的桥梁，构建起这样一个科技平台，把众多科技工作人员组织起来，更好地发挥科技咨询作用，对于我国科技规划的制定与管理，乃至整个国家的科技事业发展都具有重要意义。

政府相关部门应当充分利用科技社团这一沟通桥梁，在科技研发投入管理体制中鼓励和支持科技社团的参与，激发科技社团参与科技研发投入管理的积极性和创造性。科技社团长期以来都承担开展学术交流、政府决策论证的职能。通过专家学者的研究成果，构筑起市情民意的桥梁，为政府了解民情民意，促进决策科学化提供支持。成果直接进入中央和地方政府在科技预算投入方面的决策，为促进党政机关决策的科学化、民主化做出贡献。因此，各级政府应将科技研发投入方面的研究规划、课题设置、分配原则等交给科协等能够通过利益纽带把科技工作人员力量组织起来的科技社团，通过政府委托、政府购买服务的形式，保证科技预算决策的权威性、科学性。

科技社团是以科技工作者及科技单位为会员的群众性组织。作为社会中间组织，科技社团具有连接科技工作者、建立科学研究及技术开发合作协作关系的组织职能，还具有凝聚、团结科技工作者，调动科技研发人力资源投入科技研发任务。完成桥梁、纽带、协调任务的前提是，科技社团组织的成果评价、课题申报、项目攻关及制度建设必须首先获得科技工作者的认同。

科技成果评价方面，应建立完善的机制和有针对性的评价指标。杜绝评价过程中的形式主义、好人主义、本位主义、金钱主义，真正提高学术评价的质量。例如，对于基础研究的成果评价，可以实行课题制，鼓励自由探索；在关键核心技术攻关方面，要充分发挥新型举国体制优势，着力改变原有课题制分散孤立、各自为战的弊端；在前沿技术及瓶颈技术攻关中，科技社团应积极组织协调，利用科技社团在政府、科技工作者和企业之间的桥梁作用，形成强大的研发网络，从而提高科技攻关的协同性、组织性，引导产学研联合攻关。

制度建设方面，科技社团应经过充分讨论，建立科技工作者所接受并自愿遵守的规章制度。科技社团的管理层面应建立共同遵守的学术准则和知识产权应用规范，常设机构的专职工作人员实行公开的招聘、有效的激励机制、透明的晋升标准。

文化观念方面，以科技社团为平台，增强科技工作者的法律意识，培育有利于科技社团良性发展的氛围，在这种条件下，科技社团才能够充分调动科技工作人员的积极性和创造性，更好地服务于我国科技研发投入管理体制。

6.5 切实强化科技社团在科技研发投入管理领域的能力建设

政府和社会的认可和信任是科技社团承担政府科技研发投入规划相关职能的前提条件。首先，科技社团应根据科技研发投入规划职能需要调整常设组织结构及部门职责，筛选、组建专家库，做到一方面无缝衔接政府科技预算管理部门，另一方面持有可以胜任的相关专家。同时，科技社团需要完善内部机制，建立健全责、权、利相结合的规划评估管理体制，建立健全各项规章制度，形成一整套自律性运行机制，加强自我管理、自我约束，承担科技研发投入管理相应的法律与经济责任，以获得政府和社会对科技社团承担科技研发投入管理的信任。

6.5.1 继续深化和加强科技社团的各项服务职能

服务职能是科技社团的价值所在，只有不断强化面向科技工作人员、面向政府、面向社会的服务职能，才有能力在科技预算管理体制中发挥重要作用。首先，科技社团应该为众多科技工作人员提供学术交流平台，让科技工作人员真切体验到科技社团的价值，从而吸纳更多更优秀的科技工作人员加入科技社团，为在科技预算体制中发挥作用奠定坚实基础。科技社团要把开展学术交流、组织学术研讨以及为科技服务作为学会的基本职责，应积极组织高水平的同行或跨行业的学术交流，进而启迪科技工作者的创新思维，促进科学研究及技术研究进展；科技社团还应致力于推动科技工作者之间的研发合作及相互支持，促进科技工作者之间的专业联系，推动产学研结合，通过搭建科技研发成果扩散、应用的平台，引领学科研究及技术创新发展。

其次，科技社团是普及科学知识、提高全民科学素养的主要社会力量。要面向青少年、农村劳动人口、城镇居民、各级政府公职人员及管理者开展科学教育及新技术应用的培训，要组织编写科普教材及科普读物，培养科学教育的师资，增强科技社团的科普能力，推动形成全社会关心我国科学技术发展，贡献科技创新的环境。对在创新科学技术和普及科学技术方面取得显著成绩的优秀科技工作者和会员单位，应予以表彰及鼓励，形成全社会尊重科学，力所能及参与创新活动的氛围，充分激发全民的创造热情和创新活力。

随着我国高等教育的普及、高学历毕业生数量的增加，随着越来越多海外华人科技工作者归国，科技工作者的规模在迅速扩大，科技工作者的结构和分布不断变化，对科技社团的活动，以及科技社团的科技服务提出了更高的要求，对科技社团当好科技工作者之家也提出新的期望。在这种形势下，科技社团应当响应科技工作者的期许，创新科技社团的运作模式，拓宽业务内容。科技社团要在制定有利于科技人才脱颖而出的政策环境方面建言献策，在维护科技工作者合法权益的立法方面提出具体倡议。科技社团应促进有关方面完善科技工作者利益的表达机制。要把举荐优秀科学研究学者及技术开发人才作为科技社团的重要职能；科技社团积极探索科学合理、具有中国特色的科技评价体系，用对科技工作者科研能力和科研成果的社会承认，来引导和激励科技工作者，更加充分地激发广大科技工作者的聪明才智。科技社团应积极引导和组织科技工作者奔赴技术应用实践场所，开展技术诊断、技术咨询、科技培训等活动，推动科技成果向现实生产力转化。

6.5.2 不断创新科技社团的组织模式

我国科技工作者是受过国内外高学历教育的群体，分布在不同的专业领域及不同的研究开发单位，因而具有不同的研究习性和思维模式。科技工作者构成的多元特性，也赋予科技社团会员的多样性。正是基于这种特征，科技社团在科技预算管理体制中有其独特的优势和价值所在，科技社团应当不断创新组织模式，把这种优势充分发挥出来。只有这样，才能够使科技社团在科技投入管理体制中的作用难以替代。

首先，应逐步推进科技社团的数字化转型，运用信息技术和数据库技术，为科技社团的运行赋能，提高科技预算评估评价和咨询工作的效率；为科技工作者之间的交流、获取科技信息提供数字化平台，科技社团才能最大限度发挥科学智库优势、国内外科技交流关系优势。科技社团应努力做到全体成员共享人才资源、智力资源、学术信息等资源，促进实现我国科技资源的优化配置与利用，这也是科技社团协助实现国家技术发展战略的职能所在。

其次，科技社团应凭借数字化及信息化平台，调整组织结构，建立少层次的扁平化组织结构，以提高科技工作者寻求研发合作及服务的便捷程度。科技社团由于本身机构的松散性和组织体系的横向纵向的联系广泛，它的工作触角可以深入到社会的方方面面，既可以联系到政府顶层和掌握尖端科技的技术人员，也可以深入到厂矿农村，接触到生产一线的工人和农民，同时兼顾服务的高端性和低端性，通过电子化与智能化的信息技术平台，以及成千上万的会员和科技服务团队，能够为政府、企业、社会公众提供一个单独的接触点，更好地为政府科技预算工作服务。

最后，建立产学研战略联盟。科技社团是跨行业、跨地区、跨研究单位的科技工作者的组合体，因此，科技社团可以利用联系广泛，穿透科学研究及技术开发链条的优势，突破政府、行业和企业等其他组织类型刚性边界的约束以及各学科间的自我封闭，本着优势互补、风险共担的原则，整合各方面的资源，构建产业技术战略联盟，改变以往单打独斗的局面，在不同利益群体间发挥桥梁和润滑剂的作用，将不同部门、行业和区域的科技力量加以集成，形成强大的研发网络，促进各研发主体的良性互动。例如，德国工业发达，尤其制造业的发展位居世界前列，得益于科技社团的连接作用。德国制造业领域有数目颇多的科技社团，例如，德国化工设备协会、德国制冷学会、德国机械及设备制造协会等。这些制造业领域的科技社团既利用专业能力给政府提供咨询及决策建议，又注重与企业的密切合作[64]。科技社团一方面从科学原理、技术应用、经济价值、环境保护等多个维度，为工业企业的科技研究与发展提供诊断及咨询方案，促进企业的研发与技术进步。另一方面，通过承接制造业企业的科学技术研发课题项目，增加科技社团经费来源，推动德国科技社团研究成果转化为现实生产力，助推经济的发展，还同时解决了科技社团的财务问题，做到了企业-社团双赢。

科技社团依赖科技工作者去完成科技评价、技术咨询、科技服务等工作，即需要科技人员在完成本职研究和开发工作的同时，积极参与科技社团组织的活动。这就需要让科技人员能够通过活动充分感受到自身的价值，体验参与科技服务的获得感，从而激发积极参与科技社团活动的主观意愿。科技社团应按照服务对象的要求组织有弹性的活动，从科技人员日常工作量大，时间紧张的特点出发，采用灵活的矩阵组织方式，最大限度地吸收社团成员参与到政府科技投入规划决策中来。科技社团应整合社会科技资源，组织与科技投入规划相关的学术交流、项目评估、科技应用咨询等服务，以利于科技工作者根据自己的特长和时间投入社团承担的科技服务工作中来。

6.5.3 形成具有科技社团特色的组织文化

由于科技社团是科技工作者在工作地域的自结社，因此科技社团具有鲜明的本土特色，表现为：科技社团的成员一般来自国内或区域内，科技社团往往只面向所在地提供服务，科技社团一般与当地政府形成“伙伴”关系。而且，随着科技社团的成熟化发展，科技社团的“根源性”意识日渐强烈。观察其他国家的科技社团发展会发现，全球范围内科技社团的数量和社团规模都在增加，社会地位和影响也在不断提高，成为各国政府与市场之外重要的“第三部门”。有人的地方就有文化。科技工作者间的共同业务和研发创新的价值追求，形成了科技社团的组织文化的基础。科技社团不仅要提供科学技术服务，更需要倡导适合科技社团发展的使命和理念，用正确的价值观来引导和激励社团会员，用共同信念规范科技工作者的行为。为科技社团确立正确的人文价值导向，共同的价值观是科技社团发展的基点和动力来源。我国科技社团应在发展中强化“品牌”意识，营造团结科技工作者、激励科技工作者的文化氛围，激发科技工作者的感情共鸣，建设奋发拼搏、自立自强的科研人员队伍，参与科技研发投入。我国的科技社团应立足本土科技文化，兼收并蓄各国的先进科技文化，根据我国的科技发展战略、社会经济和技术发展需求，建设反映科技研发工作者协同、贡献、奋发、创新精神和融会贯通世界先进成果的组织文化，紧密结合我国科技工作实际，在我国科技预算管理体制中发挥出更为重要的作用。

6.5.4 探索适合科技社团的发展机制

我国目前面临的国内外环境正在发生根本性的变化，科学技术发展对科学研究及技术创新不断提出急迫的需求。十四届全国人大一次会议，国务院调整改革管理机构的重点之一，是科技管理机构及管理体制。随着国家落实一系列科技体制改革的战略部署，调整科技社团的发展机制也势在必行。科技社团的发展机制应当有利于科技人才、科研资金、科研设备等科技研发要素有机结合，有利于科学家群体间的合作、交流。

一方面，应努力构建高效、有序、规范的内部环境。科技社团的发展机制主要应通过科技社团内部的制度安排来理顺，建立适合科技社团在科技预算体制中发挥作用的科学服务制度、组织人事制度、财务管理制度、工作激励制度等。包括，同行评议制度、科技成果评估制度、科技论文审核制度、科研课题立项遴选制度等。在科技社团形成一整套制度体系，才能使社团的各项活动有章可循，才能树立科技社团客观、公正、科学的形象，明确科技社团在科技预算体制中的法律地位和职能范围，为其良性发展奠定制度基础，使科技社团的管理及发展逐步规范化、科学化。另一方面，还要加强科技社团执行各项制度的力度，切实把遵守制度、谋求持续发展作为科技工作者的自觉行为。要针对提高会员的业务水平和综合素质，开展业务技能、文化修养、身心健康、兴趣爱好等方面的教育和培训；实行人性化、民主化管理与实行目标管理责任制结合起来，增强会员的责任意识和服务意识，形成和谐的工作环境和科学氛围浓厚的工作环境。

除了科技社团的内部制度建设，还要争取有利于科技社团在科技预算管理方面发挥作用的外部条件。在国家加大科技投入，不断向科技研发倾斜配置资源的同时，科技社团应根据发展及提升履行职能、职责的需要，依据国家科技发展战略，从政府、社会各界争取政策性支持和资源支持，研究制定参与科技研发投入规划的工作目标和工作计划，加强科技社团组织能力建设及专家团队建设，进一步做好学术交流、项目评估、人才举荐等工作；倡导社会化工作理念，积极组织社会各界参与，形成社会化工作模式，整合资源，搭建协作联合的平台，在开展各项业务活动的同时，促进解决在工作条件和经费来源等方面存在的困难和问题。

从实际情况看，我国科技社团当前还存在着一些不能适应经济社会发展的思维惯性和行为模式，传统的组织体系和运行机制不能适应形势的发展变化，逐渐失去活力和发展动力，不利于科技社团在科技预算管理体制中发挥更为重要的作用。为此，中国科协推出《关于推进所属全国性学会改革的意见》，指出科技社团要在坚持非营利性的基础上，树立经营学会的理念，要“大力开发服务资源，开展社会性有偿服务，增加学会收入”。这突破了传统的运行机制，开辟了一条符合科技社团发展的改革运行机制的新方向，也为保证科技社团生存和发展指明了方向。

借鉴科技“共同体”的自组织理论，科技社团应充分发挥会员代表大会、理事会、常务理事会的领导作用，积极推进科技社团常设机构改革，真正实行科学家办会，依法治会；要理顺科技社团与登记管理机关、业务主管部门、挂靠单位的关系，确保科技社团在科技预算体制中的独立地位；要强化资产管理，建立公益资产管理制度；要改革国家及有关部门对科技社团的资助制度，建立项目扶持机制。最后，要推进科技社团活动方式和服务方式的改革和创新，要推动科技社团活动社会化、民主化、精品化和信息化，不断提高科技社团为科技预算体制服务的质量和水平。要以维护会员合法权益为重点，探索建立制度化的会员服务体系；要拓展会员利益表达机制，拓宽会员利益诉求的渠道，完善会员维权机制，健全会员维权体系，竭尽全力地维护会员的合法权益。

科技研发投入管理体制对于我国科技事业的发展十分重要。国外发达国家经验表明，科技社团能够在科技研发投入管理体制中发挥重要作用。结合我国政治体制和经济社会发展情况，科技社团作用的发挥需要一系列政策的支持，包括科技研发投入管理体制的改革，将科技社团纳入科技研发投入管理体制的组成部分；逐步实现政府在科技研发投入管理方面的有关职能向科技社团转移；为科技社团发展提供良好的外部政策法规环境，营造有利于科技社团发展的氛围；强化科技社团自身的能力建设，更好地肩负起科技研发投入管理相关工作任务。相信随着一系列政策法规的出台，科技社团必将在我国科技研发投入管理体制中发挥越来越重要的作用，为推进我国科技事业的健康快速发展做出应有贡献。

附　录

案例1　美国科学促进会运营模式及启示

1848年，世界上最大的科学和工程学协会的联合体——美国科学促进会（American Association for the Advancement of Science—AAAS，以下简称科促会）成立，这是迄今为止世界上最大的非营利性国际科技组织。美国科学促进会下设21个专业分会，涉及数学、物理、化学、天文、地理、生物等自然科学和社会科学等不同学科。现有265个分支机构和1000万成员。其年会是科学界一年一度的科学盛会，近年来，每次年会都能吸引数千名科学家和上千名科学记者参加。美国科学促进会也是《科学》杂志的主办方、出版方。《科学》杂志是世界发行量最大的具有同行评议的综合科学刊物，读者逾百万[66]。

一、科促会历史

美国建国初期虽有一定的科学研究，但从事科学的人员较少，而且在地域上很分散。当时的先进科技主要来自欧洲。1848年，美国科促会成立，这标志着美国出现了一个国家级的科学团体。科促会的前身是美国地质学家协会，成立于1840年，该协会于1842年更名为美国地质学家和自然学家协会。这家协会的成员于1848年达成一项一致意见，终止地质学家和自然学家协会的活动，在其基础上成立一个新的组织即美国科促会。这是美国旨在从国家层面提升科学和工程学发展的第一家永久性组织，代表各个学科和门类。参加科促会会议的代表多是科学界的名人，报界对这些会议报道也很多，有时还出版会议文集，在社会上形成了一定的影响。

科促会成立后的150年间，其自身的发展也见证了美国科学的发展。现在科促会许多广为人知的活动始自20世纪70年代开始的一些项目。在一些基金会和联邦政府的支持下，科促会发起了许多开拓性研究项目，例如，提高少数群体对科学的参与的项目，支持发展中国家的科学进步项目，探索科学、道德与法律的关系问题项目，分析、评估并跟踪联邦研发投入项目，以及帮助科学家和工程师到国会和联邦行政机构工作等不同项目。科促会还致力于推动学术交流、科学教育以及科技人力资源和基础设施建设，并向美国政府积极提供科技政策咨询。历史上，美国政府许多科技政策的出台都事先经过科促会的充分论证和咨询。其“2061计划”承担了一项艰巨任务：改革美国从幼儿园到12年级的科学教育。

美国科学促进会会员遍布世界91个国家，是一个向所有公众开放的组织。现有265个下属学会并拥有12万个人和集体会员，服务于1000万以上的科学家。除了组织其成员的活动，还出版知名学术刊物《科学》杂志、科学快报及图书，并牵头开展一些旨在提高全球范围科学素养的项目。其《科学》杂志是世界上经同行评议的综合类科学杂志中发行量最大的期刊，读者数目估计在100万左右。科促会的宗旨是“促进科学，服务社会”，具体而言，促进全球范围内的科学和创新发展，造福全人类。科促会的章程里对组织使命这样描述：美国科学促进会的目的是推动科学家的工作，促进他们之间的合作，提倡科学自由和责任，提高科学在增进人类福利中的效率以及增加公众对科学方法在人类进步中的重要性和前景的认识。

二、学术会议

它主办的年会是世界规模最大的综合性科学会议，汇集了世界多学科的科学家，研讨科技发展新趋势和有前途的发展方向。第一届美国科学促进会年会于1848年在美国宾夕法尼亚州的费城举行。AAAS正在实施的有八项科学和政策研究项目；四大国际合作计划；五项教育计划和2061计划，同时它还管理着七个AAAS中心。

美国科促会的活动主要包括以下四大部分：科学与政策项目、国际项目、教育和人力资源、“2061计划”。在科学与政策项目下的有关建制及开展的活动有以下几个方面：一是科技与国会中心，目的是就现行的科技问题向国会提供及时而客观的信息，同时帮助科学与工程界理解国会的工作并学习如何做国会的工作；二是关于科学、道德和宗教的对话；三是研发预算分析，科促会每年都会就联邦研发预算作出详尽分析并向社会公布其分析结果；四是对科学家和工程师的资助，这一资助的宗旨在于建立并扶持政府决策者和科学家之间的关系，通过传播科学知识来改进公共政策的制定，以促成并支持那些对国家和全球有益的公共政策的形成与执行；五是科学自由、责任与法律，这一项目的重点在于开展与科学研究及科技进步有关的道德、法律及社会问题的研究。其他方面还包括研究方面的竞争力、科学与人权、科技与安全政策中心等。

在国际项目下的建制及活动有可持续发展、国际项目联合体、女科学家的合作、科学家与工程师研究资助、研究方面的竞争力、科学与人权等。美国科促会推进公众理解科学的主要方式之一是通过其出版物，特别是《科学》杂志推动不同领域的科学教育。这种科学教育影响包括美国在内的世界所有国家。此外，举办学术会议传播科技最新动态，也是美国科促会向公众普及科学知识一个非常重要的方面。科促会鼓励青少年展开科学研究，特别是从事基础科学研究，以基础科学作为未来从事的事业。

科促会通过一百多年的活动，始终首先致力于推动全美学术交流、科学教育以及科技人力资源和基础设施建设，担任美国政府科技智囊团，为美国政府制定科技政策提供服务和咨询，为建设美国的国家创新体系做出巨大贡献。它利用其社会专业人员团体的优势，影响着美国的科技政策制定。历史上，美国政府许多科技政策的出台都事先经过科促会的充分论证和咨询。科促会还积极进行探索科学、投身于道德与法律的关系问题，分析、评估并跟踪联邦研发投入效果，邀请科学家和工程师到国会和联邦行政机构工作等。在某些基金会和联邦政府的支持下，科促会发起许多开拓性研究项目，例如，提高少数族裔群体在科学活动中的参与度，支持和帮助发展中国家推进科学进步等。

三、会员服务

科促会通过吸收团体成员，不但使自己不断壮大，而且通过附属团体扩大了自身的力量。而一般科技团体要成为科促会的附属成员，须经会务委员会的审查，符合条件的，由会务委员会表决是否接纳。其要求主要有：其宗旨须符合科促会的目的；其计划和活动记录证明对科学研究、出版或科学教学或促进科学进步有兴趣或给予大力支持；对其会员没有种族、信仰、肤色、性别或国籍的歧视；会员人数要达到一定的规模，一般至少200人；成立要有一定的时间，至少5年。

科促会还设立了三个直属组织：一是高登研究会议，创办于1931年，当时是每年开两次会议，发展到现在每年召开100次以上。该会议的目的是促进大学、研究基金会和工业实验室的研究工作。每次出席的人数100人左右。这个常设会议曾经讨论过许多有意义的话题，直接推进了若干前沿课题的研究工作。二是科学人才委员会，建于1953年，主要关注科学人力的招聘、培训和使用方面的问题。该委员会的委员由十几个成员委员会提名。根据其章程，科学人才委员会负责收集、分析和公布关于美国科学技术各领域的人力资源方面的数据，推动开展对于有希望成为科学家和技术员的人的教育和培训项目，促进教育部门、工业界和政府合理使用科技人才。总之，全力以赴地帮助发展美国的科学人力资源，造福美国人民。三是伊利诺斯科学演讲协会，成立于1971年，目的是在圣诞节期间在芝加哥举办一系列的物理学和生物科学方面的讲座，其经费来源于捐赠。

科促会通过持续不断地举办活动，从专业和公众两个方面贯彻自己的宗旨。目前科促会的主要活动包括如下四个方面，包括科学与政策项目、国际项目、教育和人力资源、“2061计划”。其中涉及科技预算的活动属于多个不同领域的项目。1985年，美国科促会针对美国科学教育中存在的问题提出并开始实施“2061计划”，以期到21世纪中叶使全体美国公民的科学素养能够适应美国国家发展战略的需要。这是一项长期计划，目的是全面提高美国公民对科学、数学和技术的素养。其内容不仅涉及科学和技术的原理，而且包含有科学的研究过程和方法、科学发展史、科学技术与社会之间的关系。“2061计划”的主报告是《为全体美国人的科学》（“Science for All Americans”）。这个报告同时也是该计划的纲领性文件。“2061计划”设有一个由科学家、数学家和技术人员组成的小组，由这个小组来确定对下一代而言，在科学、数学和技术方面应了解哪些东西以及可以做些什么工作。该小组对5个独立的科学技术领域提出了科技教育的改革目标，这五大领域是：物理和信息科学以及工程学；生物与保健科学；社会和行为科学；数学；技术。小组的建议以一种通俗易懂的语言表述出来，并被纳入《为全体美国人的科学》这一报告。

四、学术期刊

美国的《科学》杂志是世界上最为著名的两份自然科学综合性学术期刊之一。《科学》是1880年由纽约的一名记者John Michels创办的，其起始资金来自世界著名科学家、发明家托马斯·爱迪生所投入的10000美元种子资金。但在开始阶段这本杂志的运营并不理想。1894年，哥伦比亚大学心理学教授James Cattell以500美元的价格买下了该杂志并成为其主编，之后与科促会协商合作事宜。在双方共同努力下，《科学》成为美国主要的科学期刊。1900年，根据科促会的建议并经双方同意，《科学》杂志转到了科促会名下，成为该组织的官方刊物。140多年来，该杂志在科技发展过程中发挥了巨大的作用。许多对于世界科学界有重大突破性意义的研究成果都是首先发表在《科学》杂志上，如关于无线电报的突破性论文、莱特兄弟首次飞行的实验报告、高温超导体的新发现，以及艾滋病研究的新突破，等等。《科学》杂志的宗旨是将科学传播给全球所有国家科技工作者和科研单位，帮助世界各地青年科技工作者更多地了解未来几十年最主要的科技发展趋势，推介最新的科学仪器和技术以及科技职业，让科技工作者更便捷地获得重要科技资讯。

《科学》具有新闻杂志和学术期刊双重特点，每星期向世界各地发布关于科学技术和科技政策的重要新闻，发表全球科技研究中具有显著突破的研究论文和报告。杂志的国际性很强，其记者中有35%～40%工作在美国以外的其他地区，美国以外的订户占全部订阅的17%。人们可以通过阅读《科学》把握科学领域前沿动态，可以了解美国科学界世界一流的学术机构。《科学》具有广泛的影响力，各国科学家都纷纷给期刊投稿，希望能在《科学》上发表研究成果，让自己的研究传播出去、为世人所知。《科学》杂志是一份经过同行评议的期刊，优先发表那些在某领域中具有创新性的文章。1995年，《科学》杂志官网开通，即科学在线（Science Online），该官网提供《科学》杂志全文阅读与下载、摘要和检索服务。虽然《科学》杂志由科促会主办，但其经营是市场化的经营，而且十分注重宣传以扩大发行量。《科学》杂志也希望扩大稿源，希望有来自美国和欧洲以外国家科学家的投稿，例如：为吸引中国科学家的优秀稿件，《科学》杂志出版了中文版投稿指南。

五、对我国科技社团建设的启示

从美国科促会的发展中我们可以得到一些关于科技社团参与科技预算体制方面的有益启示。对一个民间组织而言，生存是第一要务，因此保持生命力是其根本。科促会成立150余年来不断发展和壮大，如今已成为世界上最大的科技组织，其运行体制、机制和所开展的活动都有值得借鉴之处。科促会在组织体制方面，注重与政府的合作；在运营模式方面，进行商业化运作；在活动方式上，注重与科学教育相结合，每个方面都很有特色。

从与政府结合角度看，科促会十分重视跟国会的合作关系，国会是负责批准联邦财政投入规划的部门，科促会注重分析联邦研发投入规划，并在这方面有很高的权威性。同时，科促会也注重与国家科学基金会（NSF）等联邦政府机构建立良好的联系，共同开展某些研发项目。从商业运营的角度看，该组织在《科学》杂志的商业运作上，可以说是一种非常成功的商业运作，成功的商业运作给科促会带来财务收入，维持科促会正常运作，使其有实力开展更多的活动，产生更大的影响力。从与教育的结合看，该组织以培养青少年的科学素养为己任，制定有“2061计划”这样的长期项目。其活动影响着一代又一代的美国人，也使这一组织保持着旺盛的生命力。正是这些结合使得科促会具有极强的可持续发展能力，也真正实现了其“促进科学、服务社会”的目标。美国科促会通过召开年会、对联邦研发预算进行分析、发布研究报告等方式，在政府之外发出声音，影响科技预算等有关科技政策，在美国科技预算制定过程中具有不可或缺的地位。

案例2　电气与电子工程师学会（IEEE）主要运营模式及启示

美国电气与电子工程师协会(Institute of Electrical and Electronics Engineers，以下简称IEEE)，1963年由AIEE（美国电气工程师协会）和IRE（无线电工程师协会）合并后正式成立，是全世界规模最大（会员人数）的专业性社团之一。IEEE长期致力于电气、电子、计算机工程及其相关领域的科技和信息学术交流，在太空、计算机、电信、生物医学、电力及消费性电子产品等领域中具有极高的专业权威地位和优秀的社会声誉。

美国IEEE依托各地的分会、专业委员会以及技术委员会，开展学科领域的运营活动，通过这些活动，IEEE积累了雄厚的运营资金，在行业中占据领导地位，保证了为会员提供服务、满足会员各项职业发展需求；与此同时，这些又反过来扩大了IEEE学术运营活动的体量和质量，形成了良性的、可持续的学术生态环境[67]。

一、学术会议

IEEE每年要在全世界近百个城市主办和协办上千场学术会议，2015年会议数超过了1700多个，约有60万人次参加。

IEEE的会议分为主办与协办两种，两种会议均在网上进行统一管理。若想举办或协办正式的IEEE会议，首先必须获得IEEE相关机构组织的支持和批准（如分会、协会等），申请方通过网络平台提交会议信息列表，开始申请举办IEEE会议。IEEE会议服务团队会审核提交信息表格的准确性和完整度，筛选重复提交，了解会议以往几届的举办情况及连续性，与相关部门核实主办方的实力和状况。一旦审核通过，将分配IEEE会议编号，发送确认信和会议组织指南给会议组织者，并提供一系列支持工具的介绍，如会议邮箱、电子通知、品牌使用、文档模板订制、网页模板、

IEEE通信平台和调查平台等，供会议选用。该会议将有资格使用IEEE商标，可被纳入IEEE会议列表供搜索，会议的征文启事可通过IEEE 平台发布，可申请 IEEE会议出版服务和其他多种免费的相关服务。

IEEE相关机构组织为会议提供以下方面的支持：资金支持、技术支持、管理支持、宣传支持，资金支持又包括IEEE独办会议（全部由IEEE出资）和IEEE合办会议（IEEE部分出资，出资率小于100%）；非资金支持会议又包括技术合办和技术合作。取得IEEE会议资格后，双方将签署谅解备忘录，明确规定签约双方的权利义务，减少或消除不必要的误解，同时有助于保护IEEE的非营利组织身份和品牌。通过制定、完善会议质量流程，IEEE的论文质量得到保证。IEEE的标志性会议的论文相当于EI水平。不过，由于大部分的IEEE会议并不是由IEEE主办，IEEE只参与后续的出版工作，并没有派遣专家学者参与论文评审，所以，IEEE一般性的会议论文虽然质量不错，但比经过严格评审的IEEE期刊论文还是略低一些。

IEEE大部分会议是以征集论文的学术会议为主，同时也会涉及相关行业的技术培训、行业展览等活动。借助雄厚的资金、良好规范的管理和法律保障以及成熟的市场化的运作方式，IEEE的学术会议在学术界享有盛誉，也与学术出版一起，成为IEEE最大的两项收入来源之一。

二、学术出版与数字出版

IEEE的学术出版具有良好的社会声誉和学术威望，在电气及电子工程、计算机及控制技术领域中，IEEE 发表的文献占了全球将近1/3，内容主要涉及以下九大核心领域：电信、自动化、生物医学工程、计算机硬件、计算机软件、电子、电力能源、半导体、航空航天和国防。期刊的绝大多数被SCI与EI收录，由IEEE出版社出版的会议论文集有90%被EI收录。

期刊：IEEE出版170余本经过同行评审的高质量学术期刊与杂志，内容涵盖电气工程、计算机、生物技术、能源与电子等领域。

会议录：IEEE每年在全球举办1700多场会议，涉及各尖端领域，其会议录是行业及学术界公认的在电气电子工程、计算机科学及相关领域最重要的文献资料。

标准：作为国际知名的行业标准开发组织，截至2016年，IEEE拥有1000多个现行的产业标准及500多个正在制定中的标准，标准文档达6000余篇，其标准涉及相关传统及新兴领域，确保企业研发产品与工业流程符合国际标准，更快进入国际市场。

在线学习课程：IEEE提供400多种在线学习课程，内容涵盖通信、计算机、能源、职业发展以及十余种相关核心及新兴技术，给技术专业人士提供一个更好的学习方式。

电子书：IEEE与著名大学机构（如麻省理工等）合作推出了千余种电子书，内容涵盖生物工程、电力能源、通信技术以及其他新兴研究领域。

电子图书馆：1998年，IEEE Xplore Digital Library作为IEEE科技文献的在线访问平台正式上线。2015年，IEEE Xplore Digital Libray汇集了所有IEEE出版的全部期刊、杂志、会议录及标准，全部文献超过400多万篇，包括电气电子工程、计算机等多个技术领域的文献，占全球近1/3，全部文献回溯到1988年，部分历史文献回溯到1872年，期刊均经过同行评审，每月的下载量达到800万次，累计下载量超过10亿次，其强有力的检索工具让科研人员更方便快捷地获取全球最先进的高价值文献。

三、IEEE标准制订

作为全球最大的专业学术组织，IEEE非常重视标准的制定工作，并将其定位为IEEE未来的“顶级发展战略”。

IEEE和多个国际标准组织建立了战略合作关系，其中包括国际电工委员会（IEC）、国际标准化组织（ISO）以及国际电信同盟（ITU）等，其标准制定内容涵盖信息技术、通信、电力和能源等多个领域，在多领域已成为事实上的国际标准，被国际标准化组织（ISO）及世界各国广泛采用，成为世界最具权威性的标准制定机构之一。

IEEE专门设有IEEE标准协会（IEEE-SA），下设标准局，标准局下又设置两个分委员会，即新标准制定委员会和标准审查委员会。IEEE现有42个主持标准化工作的专业学会或者委员会，每个学会又会根据自身领域设立若干个委员会，每个委员会又下设工作组、研究组、技术顾问组等，进行实际标准的制定。例如，我们非常熟悉的IEEE802系列标准（WiFi），就是IEEE计算机专业学会下设的p802委员会负责主持的。

现在，IEEE-SA已日益成为新兴技术领域标准的核心来源。到2015年，IEEE标准协会已经制定了1100多个现行工业标准，同时，还有500多项标准正在制定过程中。

为适应日新月异的技术变革，更好地满足市场需求，IEEE还成立了IEEE产业标准和技术组织，该组织隶属于IEEE标准协会，主要致力于帮助联营体、技术联盟以及有特殊需求的其他团体组织快速制定相关规则，并协助它们参与有关标准市场渗透的其他活动。

四、会员服务

IEEE为工程师提供各种资源，为他们职业生涯的不同发展阶段提供帮助，从学生时期开始，就可以为将来成为一个优秀的工程技术人才做好准备。深厚的学术资源，再加上IEEE每年都制定专项会员与会员人数发展计划，重点支持和满足会员需求、会员招募和会员维持，集合了庞大的会员数目，成为其发展的重要基础。

青年会员是未来发展的关键所在。IEEE设有青年专业人才委员会，致力于帮助青年专业人才评估职业目标、打磨专业形象，举办月度网络研讨会系列，主题涵盖个人财务、思维能力及各种深入技术主题。IEEE还面对青年专业人才出版刊物IMPACT，IMPACT刊物博客通过视频、播客、报告等各种新的传播模式向成员传递世界各地发生的相关科技信息。

2015年，专为IEEE定制的、功能强大的Collabratec网站正式上线，为全世界的技术专家提供网络、合作、创造及发现的整套在线工具——所有活动都集中在一个网络中心。对于IEEE会员，可以通过该网站展示自己职业发展方面的主要成就；可以根据专业分类加入相应的团体，提出问题或解答别人的问题；对于研究人员，可以与全世界同行研究者联系和进行合作，实时帮助产生论文创意和寻找合著者，通过个性化在线图书馆的内容编制、存储和分类。IEEE Collabratec可随时随地连接到全球不同位置、不同技术专业、不同职业追求的技术专家，使一切复杂的事情都变得轻而易举。

同时，IEEE还拥有一系列工程科学、研究以及技术领域的教育、培训、认证、奖励机制。在工程师职业资格认证方面，有软件工程师职业资格认证与无线通信工程师职业资格认证；在教育培训项目方面，IEEE Xtreme是计算机行业知名的最具活力、最为激烈的代码竞赛之一。此外，与IBM公司合作举办“沃森学生展示”的新竞赛，组织大学和高中学生参与社区服务工程项目（EPICS），帮助学生会员探索自身兴趣和职业选择并取得实际工作经验。IEEE的奖励项目有着近百年的历史，与世界的技术、社会和工程发展并向而行，获得奖励也成为IEEE最负盛名的荣誉之一。

如今，随着电子信息和其他相关技术的不断发展和演进，以及会员职业范围的扩大和技术兴趣的不断增长，IEEE也将努力帮助其会员跟上并引领新技术发展步伐，更重要的是，随着会员所在地域范围的扩大，IEEE已经日趋全球化，并通过其会员的全球化，以大博强，在电子高科技领域的技术发展上走在了前沿。

五、IEEE的现代发展理念和成就启示

IEEE以服务会员为本，吸引本领域最优秀人才加入，重视信息化强大作用，建立全球性沟通网络，紧密贴合技术前沿，建立与顶尖企业和政府间畅通的沟通渠道；以国际化发展理念，构筑强大创新能力，秉承开放共享的理念，在技术领域寻求发展其影响力和实用性的道路，IEEE做出的贡

献获得了世界众多机构协会和政府组织的认可。

IEEE的使命为“鼓励技术创新，为人类谋福祉”，通过运营和经营能力的培育，深度开发学术资源，成为实现其服务目标的基础。目前，IEEE已经超越了本土观念，致力于扩大在全世界不同国家和地区的感化力、冲击力和影响力，特别强调德国、中国、日本和美国的技术领导地位，国际化发展理念所构筑的强大创新能力，确立了IEEE未来的发展道路，取得了令人瞩目的成就，在世界科技舞台上大放光彩。

参考文献

[1] 刘垠. 强化国家战略科技力量 企业要勇挑重担[N]. 科技日报，2023-03-10（3）.

[2] 唐任伍. 全面建设社会主义现代化国家的基础性战略性支撑[J]. 国家治理，2022（20）：21-26.

[3] 袁梦，孟凡蓉，陈子韬，等. 世界一流科技社团特征与成长探讨——基于三维模型视角的分析[J]. 中国高校科技，2023（z1）：64-70.

[4] 李平，薛静. 科技社团在科技预算制度改革中的作用研究[J]. 科技进步与对策，2015，32（16）：11-14.

[5] 蔡礼强. 科技社团应对发展挑战亟需提升三种能力[J]. 国家治理，2021（16）：38-41.

[6] 齐志红. 科技社团概览[R]. 北京：中国科协学会服务中心，2019.

[7] 亨利・恩斯特塔尔. 社团管理——原理与方法[M]. 4th. 朱晓红，陈吉泽. 北京：科学出版社，2014.

[8] 周大亚. 科技社团在国家创新体系中的地位与作用研究述评[J]. 社会科学管理与评论，2013（4）：69-84.

[9] 鲁云鹏. 科技社团治理：内涵、问题与实现[J]. 中国科技论坛，2019（11）：1-9.

[10] 孟凡蓉，陈子韬，袁梦，等. 国内科技社团研究亟待重塑[J]. 科研管理，2021，42（12）：72-79.

[11] 孙纬业. 当代发达国家科技社团社会功能研究[J]. 学会，2018（2）：5-12.

[12] 西桂权，丛琳，付宏. 我国科技社团智库的建设路径研究[J]. 智库理论与实践，2018，3（3）：1-7.

[13] 张举，胡志强. 我国科技社团参与决策咨询的作用分析[J]. 科学管理研究，2014，32（1）：117-120.

[14] Williamson O E. Markets and hierarchies：and the morden corporation：An unfolding perspective[J]. Journal of Economic Behavior & Organization，1992，17（3）：335-352.

[15] Granovetter M. Economic action and social structure：The problem of embeddedness[J]. American Journal of Sociology，1985，91（3）：481-510.

[16] Burt R S. The differential impact of social integration on participation in the diffusion of innovations[J]. Social Science Research，1973，2（2）：125-144.

[17] Freeman C. Networks of innovators：A synthesis of research issues[J]. Research Policy，20（5）：499-514.

[18] Lavie D. Alliance portfolios and firm performance：A study of value creation and appropriation in the U.S. software industry[J]. Strategic Management Journal，2007，28（12）：1187-1212.

[19] 马玉荣. 强化国家战略科技力量，明确科技创新主攻方向[J]. 中国发展观察，2021（1）：7-9，19.

[20] 刘文军，李赓，黄丰雨. 转变财政科技经费配置管理方式，提升科技投入效能[J]. 中国科学院院刊，2023，38（2）：193-202.

[21] 张昕，关红妍，曹筱征，等. 看数据 这十年我国科技投入成绩单来了！这些领域让人欣喜.（2022-06-06）. https://baijiahao. baidu. com/s?id=1734878947285678909&wfr=spider&for=pc.

[22] 袁小康. 科技部：2022年企业研发投入占全社会研发投入已超过75%.（2023-02-25）. https://baijiahao. baidu. com/s?id=1758772167833675616&wfr=spider&for=pc.

[23] 周洪宇. 红旗文稿[EB/OL]. http：//www. qstheory. cn/dukan/hqwg /2023-03/13/c_112 9429341. htm. 2023-03-13.

[24] 钟永恒，王辉，刘佳，等. 中国基础研究竞争力报告2021[M]. 北京：科学出版社，2022.

[25] 程如烟.从联邦研发资金投入看美国政府科技布局[J].世界科技研究与发展，2022，44（6）：846-856.

[26] 蔡瑞娜. 科技社团在国家创新体系中促进知识流动的积极作用：科技社团发展与国家创新体系建设-2007中国科协年会第十五分会场论文集[C]//湖北省科学技术协会，2017.

[27] Nelson R R. National innovation systems：A comparative analysis[M]. Demand：Oxford University Press，1993.

[28] 王春法. 充分发挥科技社团在国家创新体系建设中的作用[J]. 科协论坛，2006，21（11）：4-6.

[29] Burt R S. The network structure of social capital[J]. Research in Organizational Behavior，2000（22）：345-423.

[30] 周延丽，周向阳，刘松年. 科技社团学术交流对人才成长的影响研究：学术交流质量与科技研发创新——中国科协第三届学术交流理论研讨会论文集（上）[C]. 北京：中国科学技术出版社，2008.

[31] 崔永华，李正风，尹雪慧，等. 跨边界组织在国家创新体系中的作用及路径选择：以学会为例[J]. 中国科技论坛，2011（6）：101-106.

[32] 王东刚. 加快实现高水平科技自主自强[N]. 人民日报，2022-12-23.

[33] 陈少晖，廖添土. 中国政府预算改革60年：历史演进与制度创新[J]. 经济研究参考，2009（63）：11-17.

[34] 马蔡琛，李璐. 中国预算管理公共化进程的典型特征与路径选择[J]. 广东社会科学，2009（6）：64-68.

[35] 韩凤芹，张绘. 美国研发预算管理体制：做法与借鉴[J]. 经济研究参考，2017（22）：7-17.

[36] 程如烟，徐峰，盖红波，等. 美英法德日韩六国财政科技经费管理模式[J]. 中国科技论坛，2011（8）：11-14，28.

[37] 陈实，王亮. 中美财政科技预算的比较与启示[J]. 中国科技论坛，2013（8）：153-160.

[38] Kang D，Jang W，Kim Y，et al. Comparing national innovation system among the USA，Japan，and Finland to improve Korean deliberation organization for national science and technology policy[J]. Journal of Open Innovation：Technology，Market and Complexity，2019，5（4）：82.

[39] 葛春雷，裴瑞敏. 德国科技计划管理机制与组织模式研究[J]. 科研管理，2015，36（6）：128-136.

[40] 陈佳，孔令瑶. 德国高技术战略的制定实施过程及启示[J]. 全球科技经济瞭望，2019，34（3）：40-45，53.

[41] 驻德国经商参处. 德国“高科技战略2025”内容概要. http://www.mofcom.gov.cn/@article/i/dxfw/jlyd/201901/20190102828287.html. 2019-01-18.

[42] 孙殿义. 政府在国家科技创新体系中的作用——德国创新体系建设对我国的若干启示[J]. 中国科学院院刊，2010，25（2）：191-194.

[43] 陈明. 向德国学创新（3）中国制造2025学什么[EB/OL]. https://german-studies- online.tongji.edu.cn/03/ca/c26822a263114/page.htm. 2015-03-19.

[44] 梁洪力，王海燕. 创新体系：德国经济的“稳定器”[J]. 中国对外贸易，2013（5）：42-44.

[45] 李荣，孙艳艳. 日本科技社团推动产业技术创新发展经验与启示[J]. 学会，2015（7）：44-48.

[46] 王玲. 日本科技管理信息系统浅析及启示[J]. 全球科技经济瞭望，2016，31（4）：30-36.

[47] 黄辰. 韩国创新驱动发展路径与政策分析[J]. 今日科苑，2018（1）：56-71.

[48] 杨书卷. 世界科技社团在国家创新体系中的作用[J]. 科技导报，2022，40（5）：22-27.

[49] 韩晋芳，张明妍. 科技社团在科技强国建设中的作用[J]. 今日科苑，2021（10）：71-78.

[50] Gray D O. Cross-sector research collaboration in the USA：A national innovation system perspective[J]. Science and Public Policy，2011，38（2）：123-133.

[51] 朱付元. 美国科技投入协调机制及其借鉴意义[J]. 中国高校科技，2015（5）：42-45.

[52] 王国强. 中国共产党与科技社团的百年[M]. 北京：北京科学技术出版社，2022.

[53] 刘树君. 我国科技社团的社会职能定位[J]. 河北工程大学学报（社会科学版），2010，27（2）：8-9，14.

[54] 董阳. 科技社团参与决策咨询的机制研究[EB/OL]. 2020-12-25.

[55] 高怀. 科技社团促进科技成果转化的模式与途径研究[C]//科技社团改革发展理论研讨会，2017.

[56] 尚智丛. 英美科技社团会员服务和发展方式探究与启示[C]//科技社团改革发展理论研讨会，2017.

[57] 余晓青. 科技社团承接政府转移职能：英、美、德的经验与启示[J]. 学会，2022（10）：66-71.

[58] 吴迪，邓国胜. 基于使命和宗旨视角的科技社团能力要素模型构建[J]. 中国非营利评论，2018，22（2）：161-175.

[59] 吴迪. 基于使命的中美科技社团能力比较分析[J]. 学会，2018（1）：5-9，19.

[60] 眭纪刚. 以机构改革引领科技体制改革[EB/OL]. https://baijiahao.baidu.com/s?id=1760052519761895722&wfr=spider&for=pc. 2023-03-11.

[61] 人民日报. 国务院机构改革方案. http://cpc.people.com.cn/n1/2023/ 0311/c64387-32641751.html. 2023-03-11.

[62] Granovetter M. The strength of weak ties：A network theory revisited[J]. Sociological Theory，1983（1）：201-233.

[63] Aral S. The future of weak ties[J]. American Journal of Sociology，2016，121（6）：1931-1939.

[64] 熊薇. 西方科技社团推进国家治理现代化的经验与实践研究[D]. 武汉：武汉理工大学，2017.

[65] 龚勤，沈悦林，严晨安. 科技社团承接政府职能转移的相关政策研究——以杭州市为例[J]. 科技管理研究，2012，32（6）：16-20，26.

[66] 王晓迪. 美国科学促进会科研发展、热点分析及经验借鉴[J]. 天津科技，2018，45（12）：1-4.

[67] 杨书卷. 美国IEEE科技社团运营模式的案例分析[J]. 学会，2017（5）：28-34.